FINANZAS PARA 100 AÑOS

FINANZAS PARA 100 AÑOS

Deja de sobrevivir. Empieza a vivir

DIDIO PEÑA INFANTE

Finanzas para 100 años
Primera edición: abril, 2026

ISBN: 978-628-02-3947-7

Impreso bajo demanda *Printed on demand*

Un libro dedicado a la generación X y uno que otro milenial despierto

ÍNDICE

PRÓLOGO

"UNA VIDA LARGA, SIN SENTIDO Y SIN DINERO"

Es muy probable que tú, o yo vivamos hasta los 100 años. La calidad de vida, sumado al desarrollo médico y tecnológico empujan constantemente la expectativa de vida más lejos. Hoy pensar en que la vida termine alrededor de los setenta como dicen los estudios demográficos de hace cincuenta años no es sostenible.

Predecir cuánto tiempo estaremos vivos, es un ejercicio antipático, por decir lo menos, pero en todo caso, nunca antes en la historia de la humanidad, las condiciones han estado tan claramente dadas para que sea una vida sorprendentemente longeva. En ese contexto, no se sabe que es peor: si una vida larga sin sentido, o una vida larga sin dinero. Tal vez una vida larga, sin sentido y sin dinero, sea el verdadero infierno. Está pues en nuestras manos lograr transmutar el sufrimiento en consciencia y no hacer de nuestra vida en este desafiante mundo moderno una experiencia absurda y angustiosa.

Una vida llena de quejas y sufrimiento, ya es una carga difícil de llevar. Si a esto le sumamos unas finanzas desordenadas y escasas, se complica mucho más. Un flujo de ingresos estable y digno nos permite experimentar la vida de una manera más amable. Planear nuestros ingresos y responsabilizarnos de que siempre estén presentes es un deber de nuestro "yo" presente, y un paso indispensable para poder enfocar nuestra energía en aspectos trascendentes que le den mayor significado a nuestra existencia.

Estas páginas son una invitación, para que te hagas, con absoluta responsabilidad, dos preguntas que tal vez no te las has planteado seriamente. La primera: ¿Cómo esperas financiar una vida de 100 años, sin esperar que el Estado, los hijos, una empresa o la suerte lo hagan por ti? Y la segunda; la más importante, la que atraviesa todo el libro: si vas a vivir cerca de 100 años, ¿qué sentido le vas a dar a esa existencia? No importa si tienes 30, 50 o 70 años: en este momento, aquí y ahora, ¿qué sentido le vas a dar a lo que te queda de existencia?

Esas dos preguntas, respondidas por separado, no inspiran confunden, angustian. Pero las respuestas en conjunto son fuego. Dan vida, inspiran, llevan a vivir con el corazón encendido, con un sentido mayor y con un propósito claro en cada momento presente.

Este no es un libro de finanzas personales simplemente. Es mucho más que eso. Los presupuestos, los planes de retiro, las estrategias de ahorro y de inversión, la estructuración de patrimonio, las estrategias de ingresos, las rentas vitalicias, son importantes, pero son los instrumentos al servicio de "algo mayor": Del sentido que decides darle a los próximos años de tu vida. El dinero es una simple herramienta que ayuda a materializarlo, reforzando en un loop la dinámica energía-materia-energía.

Este libro es fundamentalmente, una invitación a que te

permitas explorar el aspecto transpersonal en tu vida, a plantearte la posibilidad de empezar a integrar los aspectos espirituales y trascendentes de la experiencia humana, a la dinámica del dinero, buscando experimentar una realidad mayor, más significativa. Te invita a construir simultáneamente la arquitectura financiera y la arquitectura interior de una vida que, al final, habrá valido cada uno de sus cien años.

¡¿Para qué quieres dinero?!

Parece una pregunta simple y tenemos mil respuestas, desde: Para cambiar el celular, hasta para educar a nuestros hijos. Pero en serio... ¿Para qué quieres dinero? ¿Qué puedes hacer de tu vida tan potente, que deje una huella, un testimonio para todas las generaciones futuras? Atrévete a responder eso primero, luego sí, en función de ello, encuéntrale uso al dinero. Porque de nada sirve construir una gran fortuna si al final de la vida uno descubre que financió una existencia que no valía la pena vivir. No se trata de "Salvar el Mundo", se trata de salvarnos a nosotros mismos, al responder con un ¡Sí! absoluto a las preguntas: ¿Dejé el mundo mejor de lo que lo encontré?

El dinero es una simple representación de agradecimiento por el valor que has creado a la sociedad, y el valor se crea exponencialmente cuando viene de un sentido claro de vida.

Este es el libro que tienes en tus manos.

PARTE I
EL DESPERTAR

El colapso del sistema.
El mapa ya no sirve

LA ENFERMEDAD HEREDADA

Ganar dinero, mucho dinero. Ese pareciera ser el objetivo que hay que perseguir. El 14 de diciembre de 2005 fue encontrado sin vida el asesor financiero David Troconis de 29 años, en el baño de su apartamento al norte de Bogotá, con una nota dirigida a su familia, en la que se leía: "Como corredor de bolsa, desde hace tres meses comencé a perder dinero y a tener muchos problemas con la deuda de un banco. Esto me tiene muy agobiado". Troconis, había logrado consolidar un portafolio de más de 20 millones de dólares, entre familiares, amigos, y referidos para operar divisas apalancadas en plataformas electrónicas, ofreciendo altas rentabilidades y los había perdido.

¿Cómo es posible que una persona joven, inteligente y con un futuro por delante llegue a esta decisión motivada por una pérdida financiera?

El dinero se ha convertido para el hombre moderno en el objetivo supremo. Consciente o inconscientemente, todos lo necesitamos para subsistir. Pero esta convención humana poderosa, ubicua, ha logrado algo más inquietante: distorsionar nuestro pensamiento, corroer nuestro funcionamiento social y contaminar, en muchos casos, lo más hondo de nuestra vida interior. No es una pandemia biológica. Es una pandemia en la psique.

La neurosis del dinero es un estado psicológico caracterizado por una sensación persistente de inquietud, miedo e insuficiencia frente a la situación económica. Curiosamente, no discrimina saldos bancarios, la padecen tanto quienes están ahogados en deudas como los ejecutivos millonarios que temen perder su estatus. En este estado alterado, el dinero deja de ser una herramienta y muta en una medida de valor personal, valgo lo que gano, soy lo que tengo, en una fuente ilusoria de seguridad emocional, o en un simple medio para comprar validación externa.

Vivimos en permanente alerta, en modo supervivencia, motivados por el miedo. Miedo a que nos falte lo que creemos necesitar, miedo a no cumplir los compromisos que asumimos seducidos por un neuromarketing que nos vendió una imagen de felicidad. Apegados a nuestros bienes y a nuestra imagen, perdidos en el interminable deseo del próximo juguete, de la próxima tecnología, de la próxima experiencia, la casa más grande, el auto más moderno, la vida transcurre entre días grises de angustia y desasosiego, persiguiendo un estatus ideal, transmitido generacionalmente y que no se sacia con un clic en Amazon, en Temu, o rayando la tarjeta de crédito en el nuevo y moderno centro comercial. Mucho menos se sacia con el MBA, ni en el cargo ejecutivo de ninguna multinacional. Nuestra generación fue educada en esta neurosis: organizamos la vida entera alrededor del miedo a la escasez, deseando "algo mejor", persiguiendo el mito de la pensión y soportando entornos laborales tóxicos por terror a perder la quincena, y con la esperanza de escalar la escalera corporativa hasta lo más lejos posible.

Y sin embargo, hay una voz. Un susurro casi imperceptible que nos recuerda que existe algo más grande. El sentimiento que experimentamos la primera vez que levantamos un hijo, el abrazo profundo y desinteresado de un padre, el sentimiento de humildad que trae un atardecer en dónde se detiene el tiempo por un instante, pequeños destellos que nos arrancan de esa oscura película y nos devuelven, brevemente, a nuestra esencia. Tenemos derecho a una vida próspera y abundante. Tenemos el deber de buscarla. Y de alguna forma, ya lo sabemos.

El dinero es un recurso al servicio de algo superior. Es un medio para vivir nuestro propósito, una nota de gratitud por el valor que creamos cuando actuamos desde el amor y no desde el miedo. Las finanzas, por su parte, no son otra cosa que la metodología para administrarlo, una disciplina racional que, al conectarse con el espíritu, nos encamina hacia una prosperidad real y sostenida.

A pesar de todo el caos y desolación que nos presenta el mundo moderno, pareciera que la humanidad esta deseando despertar. Nunca antes se había vivido con tanta fuerza la necesidad de ampliación de consciencia que se esta dando. Pareciera que la misma angustia nos lleva a comprender que podemos elegir entre una vida de estrés y burnout[1], motivados por el miedo, atrapados en la neurosis del dinero, o motivados por el amor, creando y transmitiendo valor.

---

1. Como término coloquial que es, va más allá del simple agotamiento o estar exhausto, pues implica también una actitud hacia el trabajo deprivada de ánimo...podríamos libremente traducirlo como estar *quemado, consumido, tronado o reventado.* (https://www.facmed.unam.mx/eventos/seam2k1/2007/jun_01_ponencia.html)

LA GENERACIÓN ESTAFADA

Si naciste entre 1965 y 1980, lamento decirte que formas parte de la Generación Estafada. No es una metáfora ni una exageración, es una descripción precisa de lo que ocurrió. Llegamos al mundo en un punto bisagra: el modelo del Estado de Bienestar que funcionó para nuestros padres, los baby boomers, hoy está agotado, erosionado y endeudado a tope.

Con nuestro trabajo y nuestros descuentos de nómina financiamos las pensiones y la salud de las generaciones pasadas, en una especie de experimento piramidal disfrazado de solidaridad intergeneracional. El modelo funcionaba matemáticamente cuando la expectativa de vida era de 77 años y el sistema sólo debía cubrir 15 años de pensión. Pero hoy, con los avances médicos, hablar de una expectativa de vida de 85, 90 o 100 años es totalmente razonable. Ya son 20, 30 años o más de pensión los que hay que financiar.

Si a esto se le suma que la pirámide demográfica se está invirtiendo. En 1970 la población mundial estaba llegando a los 3.700 millones de habitantes, distribuida en más del 90% por personas menores de 55 años. Hoy somos más de 8.200 millones de almas en este planeta, y se proyecta que para 2025 los mayores de 65 años dupliquen a los menores de cinco. No hay necesidad de explicar más.

El mapa que nuestros mayores nos entregaron presentaba una vida en tres actos: estudia, trabaja y retírate con una pensión. Era una carta de navegación fundamentada en un mercado laboral en expansión, una pirámide poblacional con más jóvenes que viejos, una expectativa de vida de setenta años y un Estado benefactor robusto. Nos dijeron que estudiáramos duro, ojalá en universidades de renombre que nos ampliaran las posibilidades de entrar a una multinacional, para así poder conseguir un "buen" trabajo, escalar la escalera corporativa y pensionarnos con una buena mesada. Creímos con fe de carbonero que esa era la lógica del sistema, que así funcionaban las cosas. No cuestionamos. Nos esforzamos por llenar nuestras hojas de vida con costosos estudios en idiomas, postgrados y maestrías, para llegar a los 50 años, o muy cerca a ellos, seguramente e inevitablemente a la dura pared que se plasma en la palabra: "Sobrecalificado", con 10 o 15 años por cotizar todavía pendientes para tan anhelada mesada pensional.

Y así, sutilmente y sin más ese mapa caducó.

El mito de la seguridad social es un error monumental. Los gobiernos gastan más de la cuarta parte de sus recursos manteniendo programas de salud, invalidez y vejez, y lo más doloroso para nuestra generación es que no somos nosotros los beneficiarios. Somos quienes financiamos directamente ese gasto con los descuentos que se hacen a nuestro extracto salarial todos los meses. La ineficiencia en el manejo de esas partidas ha llevado a reformas pensionales interminables que mantienen prebendas para quienes ya lograron el estatus de pensionados, pero cambian las reglas dramáticamente para el resto: aumentando edades de jubilación, añadiendo requisitos y disminuyendo los montos a los que se puede aspirar.

Releyendo estas líneas mientras escribo en una cafetería de Chapinero, en Bogotá, solo me da vueltas en la cabeza ese raro espécimen, que al aumentar el requerimiento de edad para pensión, logre continuar en calidad de "empleado", es decir "en nómina" hasta los 65 - 70 años en una empresa para poder pensionarse. Hoy tengo 49 años, y faltando 13 para cumplir la edad actual de pensión en Colombia, 62 para los hombres, puedo ver en el horizonte tres gobiernos, tres reformas pensionales. Así que mis fichas no las apuesto a que se mantenga el requisito de edad que hoy está vigente.

Me sostengo en algo: si a los 50 años no eres el dueño de la empresa donde trabajas, muy probablemente tendrás ya medio cuerpo fuera de la nómina. Y lo que más me da risa de mi propio párrafo es pensar en ese mago que de alguna manera se atornillará en un trabajo con remuneración salarial que cotice a pensión, salud, parafiscales y demás hasta los 70 años, porque la edad de pensión va a llegar seguro a esos niveles para nuestra generación. Tal vez un honorable senador de la república, o un intachable funcionario público dentro de una maquinaria política muy bien aceitada. Para el resto de mortales me sostengo: si a los 50 años no es el dueño de la empresa, muy probablemente tendrá ya medio cuerpo fuera de la nómina, y por ende, la cotización al sistema de seguridad social se convertirá en un desafío mucho mayor.

La pregunta que queda flotando no es si el sistema va a fallar. Ya falló. La pregunta es qué vas a hacer tú con esa realidad.

La realidad llega sin vaselina

Lo curioso es que no nos dimos cuenta de esta estafa a los 25 ni a los 35. La señal llegó tarde, alrededor de los 50 años, cuando empezamos a sentirnos viejos para el mercado laboral.

Mientras la automatización y la inteligencia artificial amenazan cargos administrativos y operativos, el mercado laboral nos da un golpe de realidad: a mitad de vida, empezamos a ser considerados obsoletos. Hay jóvenes entrando con mejores habilidades técnicas y mucho más baratos. Descubrimos el "edadismo", la discriminación por edad. Según estudios recientes realizados por la fundación BBVA en España[2], el 85% de las hojas de vida de mayores de 55 años son descartadas automáticamente. Nos sentimos llenos de vida, pero el mercado laboral nos ve como una carga.

No podremos emplearnos fácilmente después de los 50, pero eso no quiere decir que quienes ya están acostumbrados al modelo salarial pierdan la esperanza de lograr estirar el estado de "empleado" lo más que sea posible, y llegar sin ninguna turbulencia a una edad de pensión, momento en el cual cumplirán a cabalidad con la predicción del modelo: estudio, trabajo, pensión.

Solo en ese momento se sabrá si el sistema les cumplió o no. Mi predicción es que se cumplirá a medias, pues como lo mencioné anteriormente, el sistema es frágil y el camino que falta está lleno de reformas pensionales. Esto llevará muy seguramen-

---

2. https://www.bbva.com/es/sostenibilidad/que-es-el-edadismo-y-como-combatir-los-estereotipos-prejuicios-y-discriminacion-por-cumplir-anos/

te a que a los 62, 65 o incluso 70 años cumplan con los nuevos requisitos de "edad para pensión", y seguramente se retirarán de sus empresas, con reloj Rolex y torta en la sala de juntas, pasando a engrosar las líneas de los pocos pensionados que registra el sistema hoy. Pocos, frente a la población total que debería percibir una pensión digna.

La sorpresa será entonces el monto de la pensión, porque también con las reformas que llevarán los requisitos de edad mucho más adelante en la línea de la vida, calcularán fórmulas sesudas para rebajar progresivamente el monto de la mesada, mientras que en los fondos privados se proyectará y se invertirá con tasas ínfimas, cercanas apenas a la inflación, por aquello de que si se acaba la plata, la administradora es solidaria.

El modelo de empleo tradicional ha hecho de la vida corporativa una pesadilla. Un sistema que busca exprimir el "recurso humano" a tope con jornadas extenuantes no propone dinámicas atractivas para nadie. Se nos va la vida respondiendo correos electrónicos inocuos que secuestran nuestra agenda, dejándonos sin espacio para la vida misma.

El fenómeno de la muerte por agotamiento laboral, conocido en Japón como karoshi, ya no es exclusivo de ese país. Llegamos a nuestros hogares como zombies, quemados por el burnout, a descargar nuestra frustración con quienes más amamos. Mientras tanto, las universidades funcionan como fábricas de humanos estandarizados, vendiendo costosos MBA bajo la promesa de mejorar un "perfil laboral" que persigue una meta inalcanzable.

¿Y todo esto para qué? ¿Para lograr "ser alguien"? ¿Para alcanzar el éxito que suponen tres letras en mayúscula que acompañen nuestro nombre, CEO, CFO, CTO? ¿O es acaso para alcanzar el mito urbano de la pensión? Ese "Dorado" donde por fin "empezaremos a vivir", lejos de la luz de neón de un cubículo de dos por dos. Esclavos de la adicción al salario mensual, pasamos los días esperando que ocurra el milagro de recibir un ingreso garantizado sin trabajar. Pero, como ya sabemos, los números del Estado no dan. Usted y yo terminamos financiando las jugosas pensiones de los funcionarios públicos que redactan las leyes a su favor, mientras la pensión para el ciudadano de a pie se convierte en un mito del que solo disfrutan unos pocos afortunados.

Hemos normalizado el ser definidos por un cargo. Cuando nos quedamos sin trabajo, llevamos la marca de "desempleado" como si estuviéramos contagiados de una enfermedad, respondiendo con un tibio "estoy tomando un tiempo, mirando opciones", cuando en realidad la frase oculta una obviedad: estoy cagado de miedo porque no sé dónde me pueda volver a emplear.

La realidad llega sin vaselina. Agotados, nos estamos rebelando. Cada vez somos más los que despertamos y decidimos hacernos cargo de nuestro propio bienestar. Un claro ejemplo ocurrió tras la pandemia, cuando se popularizó el fenómeno de la "Gran Renuncia". Tan solo en septiembre de 2021, más de 4.4 millones de personas en Estados Unidos pasaron su carta de renuncia, marcando un récord histórico. Este éxodo da cuenta de una nueva consciencia: un acto de valentía colectivo para decir "¡No más!". No viviremos como zombies en trabajos que no nos motivan, bajo un sistema al que no le importamos.

Actuando a pesar del miedo y la incertidumbre, millones de personas han decidido tomar las riendas de su vida. Quizás el sistema les devuelva algo de pensión, pero saben que el bienestar de su larga vida está única y exclusivamente en sus propias manos.

Nos enfrentamos entonces a una paradoja: necesitaremos generar ingresos durante más tiempo, justo en un entorno donde la etiqueta de "empleado" se vuelve cada vez más inviable. Es aquí, en este preciso punto de inflexión, donde debemos tomar conciencia y asumir la gestión presente y consciente de nuestro patrimonio.

INEMPLEABLES

Televisor en blanco y negro, dos canales, antena en el techo y teléfono de rosca, a veces con candado. La llegada de los vidrios eléctricos en el Renault 18 parecía brujería, y el Mazda GLX era, sin duda, una nave espacial. Parece mentira lo que ha avanzado la tecnología en los últimos 40 años.

En 1975, un procesador Intel 8080 medía su velocidad en kilohercios y realizaba unas 29.000 operaciones por segundo. Hoy, un procesador Snapdragon estándar en cualquier teléfono móvil realiza miles de billones de operaciones por segundo, superando con creces la capacidad de cómputo de la computadora que llevó al hombre a la Luna.

Para la década de los noventa, mientras disfrutábamos de la "Perubólica" para ver más de dos canales, en el colegio teníamos clases "vocacionales". Decían que era fundamental adquirir habilidades para el mercado laboral. Así aprendí a escribir en una pesada máquina Olivetti blanca, con las teclas tapadas por cinta aislante para no mirar. Hoy puedo escribir unas sesenta palabras por minuto y, aunque es un placer total para mi oficio de escritor, claramente "mecanógrafo 60 PPM" no es una habilidad que vaya a destacar en mi perfil de LinkedIn.

Esa Olivetti es el símbolo de una era que desapareció bajo

el peso de la Ley de Moore, la cual dicta que la capacidad de los microchips se duplica cada dos años. Este desarrollo exponencial nos obliga a actualizar constantemente el valor que ofrecemos al mercado. Pero, inevitablemente, al llegar al quinto piso de nuestra existencia, nos damos cuenta de que ya no somos tan dinámicos para adaptarnos a ese ritmo frenético.

Tener la capacidad de un joven de 30 años para viajar 290 días al año y mantener la bandeja de entrada al día es algo que ya no nos provoca. Una nueva maestría que refuerce nuestra hoja de vida se vuelve algo ajeno a nuestras prioridades. Y así, cual disquete de 3½, pareciera que vamos quedando obsoletos para el engranaje corporativo. Empezamos a ser vistos como un gasto considerable y un riesgo laboral, si a los 50 años no estás en la cima de la pirámide ejecutiva, es muy probable que un joven con tres idiomas, disponibilidad 24/7 y un tercio de tu salario esté listo para quitarte la silla.

Es una realidad que duele. Pero cuando llegues a los 50, si no antes, te vas a quedar sin empleo corporativo.

A partir de ahí, la Generación X adoptará una nueva característica que llevaremos en el pecho con orgullo: a los 50 seremos INEMPLEABLES. Y llevaremos ese título con honor porque significa que rompemos paradigmas y desafiamos estructuras. A los cincuenta nos sentimos jóvenes y tenemos algo que no conocíamos hace 20 años: experiencia. Ahora podemos movernos estratégicamente para crear nuestro propio camino, dedicando más tiempo a la creación que a la operación. Es un renacimiento.

Como vimos, la vida de 100 años ya no es ciencia ficción. Pero el verdadero fenómeno no es solo llegar a esa edad, sino hacerlo con una calidad de vida impensada. Hoy vemos personas de 60, 70 u 80 años llenas de vitalidad, viajando, estudiando y con ganas de crear.

Esto genera lo que se ha llamado "la revolución de las canas". Personas que cumplen sesenta años llenas de vida, pero que bajo los esquemas patriarcales del statu quo son "retiradas" a la fuerza de la sociedad. El "edadismo" acompaña de cerca a otras formas de discriminación, es otra enfermedad de nuestra neurótica sociedad que empuja a personas perfectamente capaces hacia la exclusión, la depresión y el sinsentido.

Eso es exactamente lo que está pasando hoy. Vivimos dentro de un cambio estructural tan profundo que aún no logramos dimensionarlo. Sentimos que todo sigue igual, pero las bases del sistema económico están siendo reemplazadas delante de nuestros ojos. Durante décadas, la mano de obra fue desplazada por las líneas de producción y la mecanización. Más adelante, China se convirtió en la fábrica del mundo, absorbiendo los trabajos operativos y de producción masiva a una escala nunca antes vista. Pero incluso esa etapa ya está quedando atrás, hoy la robótica reemplaza no solo la mano de obra de Occidente, sino también la de Asia. Ya no tiene sentido hablar del obrero tradicional: la maquinaria hace el trabajo de forma más rápida, precisa y barata.

Y ahora estamos entrando en la segunda ola del reemplazo: la de Palo Alto.

La inteligencia artificial no está automatizando solamente los trabajos manuales, está automatizando los trabajos de pensamiento. Procesos que antes requerían equipos enteros de profesionales, analistas, diseñadores, programadores, estrategas, hoy son realizados por sistemas que no se cansan, no se equivocan y procesan millones de posibilidades en segundos.

Por eso hablo de un cambio de paradigma: pasamos del "Made in China®" al "Thought in Palo Alto™". Ya no se trata solo de que las fábricas del mundo estén automatizadas, se trata de que el pensamiento del mundo también está siendo automatizado. Si China reemplazó las manos, Palo Alto está reemplazando las mentes.

Internet cambió las reglas, pero la inteligencia artificial cambió el juego completo. Las estructuras laborales que sostuvieron el siglo XX ya no sirven para el siglo XXI. Sin embargo, seguimos creyendo que vamos a ganar dinero "como siempre", esperando que nuestro trabajo siga siendo nuestra fuente de ingresos durante las próximas décadas. Pero ese mundo ya no existe. Necesitamos empezar de nuevo.

Pero hay algo que el sistema no calculó: a los cincuenta nos sentimos jóvenes, tenemos experiencia que ningún algoritmo puede replicar, y por primera vez en décadas tenemos algo más valioso que el tiempo, tenemos claridad. Yo lo viví. El día que dejé de buscar validación en un cargo y empecé a construir desde lo que genuinamente soy, algo se destrabó. No fue fácil ni inmediato. Pero fue real. La pregunta ya no es si el sistema nos va a emplear. La pregunta es si vamos a seguir pidiéndole permiso.

¿Quién se encargará de tí en tu vejez[3]?

Tenemos una responsabilidad principalmente con un ser humano específico: Nosotros mismos. Nuestra salud es nuestra responsabilidad. Nuestra vejez es nuestra responsabilidad. Nuestra invalidez es nuestra responsabilidad. Y nuestros ingre-

3. Si no eres tú mismo, para ya esta lectura y entrega este libro a quién lo hará.

sos,durante toda la vida, también lo son. El sueño del Estado protector se sostuvo con deudas y esperanza, pero pretender que un gobierno o una empresa cuide siempre de nosotros es una ficción.

¿Qué deberíamos hacer entonces para asegurarnos un ingreso en esa segunda etapa de la vida que va de nuestra edad presente a los 100 años? En finanzas no hay nada cierto, y tal vez el mejor consejo sea el más obvio: diversificar las fuentes de ingreso. Si no se consigue trabajo tradicional, hay que considerar la creación de valor independiente, empezar algún tipo de emprendimiento liviano, ofrecer consultorías y explorar las nuevas maneras innovadoras que nos ofrece la economía actual.

Solo al asumir nuestra responsabilidad personal comienza el verdadero bienestar. El futuro depende de quien decida tomarlo en sus manos.

PARTE II
TU PODER FINANCIERO

Enciende el fuego en tu corazón

FUEGO EN EL CORAZÓN

Existe una palabra que los griegos usaban para describir el estado de inspiración divina: entheos. Dios adentro, estar con Dios. Esta palabra describe un estado de pasión intensa donde la persona pareciera estar completamente entregada a una acción presente, que proviene de una conexión con algo superior dentro de sí, un estado de inspiración, furor, claridad, foco, alegría y fuerza reflejada de manera sencilla pero poderosa en el actuar. En español la hemos adoptado como "entusiasmo".

Pareciera como si este estado estuviese reservado para unos pocos incautos, o por lo menos ingenuos, que no se dan cuenta de todo el dolor y el sufrimiento a su alrededor. Que no se dan cuenta de lo difícil que es vivir y sustentar un ingreso para una familia. Que la tienen fácil porque la vida les repartió mejores cartas. A la distancia los observamos con desdén. ¿Quién es ese que sonríe estúpidamente? En medio de nuestra miseria podemos ver la diferencia de actitud frente a la vida, nos inquieta, en secreto la queremos,, pero prontamente volvemos a la queja, al reclamo y a lamernos las mismas heridas que no sanan, y que se han constituido en pilares de nuestra identidad, con la que nos vestimos todos los días, con la que podemos salir al mundo y no sentirnos ajenos, con la que nos justificamos en nuestra escasez. Solo el infierno de la envidia suaviza el estado de inconformidad.

Pero ¿qué tienen estas personas? ¿Qué han encontrado?

Hablan, actúan, se relacionan como si tuviesen fuego en el corazón, un fuego que de alguna manera lograron encender y mantener vivo a pesar de las circunstancias.

El Tigre de tigres

En 2007 asistí por primera vez a una convención de vendedores de seguros de vida en La Romana, República Dominicana. Había logrado clasificar luego de conseguir la producción necesaria en ventas. Me lo merecía. Por esa época buscaba que mi empresa, Peña Infante Asesores Ltda., fuese una de las principales, si no la principal, oficina de gestión en finanzas personales en Colombia. Mi objetivo era el nombre de mi compañía con luces de neón en el techo del edificio en el norte de Bogotá, donde nuestras oficinas ocupaban 200 metros cuadrados y que yo buscaba que fueran por lo menos 2.000. Ese era mi objetivo y lo iba a conseguir a toda costa. A mis 30 años estaba a las 7 a.m. sentado en mi escritorio y regresaba a casa sobre las 10 p.m., nunca antes. Tenía por lo menos cuatro reuniones de prospectación de clientes al día y más de 2.000 prospectos en mi base de datos, que juiciosamente administraba con el software ACT 2.0. El viaje a dicha convención, era la recompensa y el reconocimiento a todo el esfuerzo del año anterior.

El día que inició el evento, en el cocktail de bienvenida del lujoso resort, nos reunimos los asesores más exitosos en seguros de Latinoamérica. Podrás imaginar, delgadas mujeres sobreproducidas, enmascaradas de maquillaje y con escotes que usaban como arma para conseguir la tan anhelada firma en el contrato, y sonrientes señores vestidos de paño con pesados relojes y dientes inmaculados, que usaban sus hábiles argumentos para el mismo fin. Todos se conocían, pues asistían todos los años a este tipo de eventos. Eran los vendedores top de seguros en América Latina. En ese cardumen de tiburones sobresalía un personaje que llamó mi atención, tomaba un whisky con los más altos ejecutivos de la compañía y parecía ser el centro de atención de la conversación. Era un colombiano de unos 70 años, bajito, con poco pelo blanco y un anillo de oro en la mano derecha que sostenía el vaso de cristal. Lo observé toda la noche y veía cómo todo el mundo tenía que ver con él.

La segunda noche fue la de la premiación. Yo fui el primero en pasar, como "mejor agencia nueva", un premio importante, pero todos sabíamos que era más un reconocimiento y un estímulo. El verdadero premio era el de mayor producción en Latinoamérica. Sirvieron la comida, pasó la noche y llegó el momento: "Mejor productor individual". Antes de nombrarlo estalló un aplauso general que me tomó por sorpresa y casi me hace derramar el agua que llevaba a la boca en ese momento. La gente empezó a aplaudir y gritar "¡Chucho! ¡Chucho!", y el maestro de ceremonias leyó como si fueran los premios Oscar: "Por décimo año consecutivo, el Tigre de tigres: Chucho, don Jesús María Gómez." Se levantó ese viejito de 70 años y pasó como si fuera Denzel Washington en la gala de la alfombra roja de Hollywood. Me fui a dormir temprano, no conocía casi a nadie, y en ese cocktail, garantizado, no vendería un seguro ni una inversión. Pero no paraba de pensar cómo ese viejito era el vendedor top.

Al otro día me desperté temprano y bajé a leer a la piscina. Para mi sorpresa, fumando un habano, estaba Chucho leyendo el periódico. Me lo encontré de frente, despegó los ojos de su lectura, me miró y sonrió. No tuve más opción que acercarme a felicitarlo, era como si su magnetismo me llevara a ello.

—Felicitaciones, don Chucho. Admirable su gestión.

—Gracias, hijo. Sí, es una dicha.

Vi la oportunidad de preguntarle su secreto y fui directo al grano:

—Don Chucho, cuénteme su secreto.

— Jajaja, no hay secreto, hijo. Simplemente hay que encontrar la motivación correcta. No cualquiera, la correcta.

—Bueno, mi motivación es llegar a ser la empresa de asesoría financiera más grande de Colombia, y voy en ese camino con juicio.

—Qué bien. Esa es una buena motivación.

—Pero usted dijo "la correcta", no "una buena". ¿Cuál es la correcta?

—Una motivación potente. Una motivación abundante.

—¿Y cuál es esa?

—Siéntese, hijo, le cuento una historia.

Yo empecé a vender seguros de vida por allá en 1960, tú no habías nacido. Buscaba ganar mucho dinero y trabajaba 18 horas al día. Recorría Medellín de arriba a abajo por lo menos tres veces al día, bueno, en ese entonces no era tan grande como ahora. Vendía mucho, pero dentro de un promedio normal. Me esforzaba al máximo en mi trabajo y le daba prioridad sobre todo lo demás. Mis hijos crecieron y casi no me di cuenta, salía temprano en la mañana cuando el sol todavía no había salido y ellos estaban dormidos, y cuando regresaba tarde en la noche ya estaban durmiendo también. Los fines de semana los usaba en reuniones extra y actividades de relacionamiento para buscar más clientes. Poco los veía.

Por esa época invité a trabajar en lo mismo a un amigo del colegio, pero le advertí que primero debía comprar su propio seguro de vida, pues tenía tres hijos y su esposa se dedicaba al hogar. Me hizo caso. Al poco tiempo le descubrieron una enfermedad de esas raras y en tres semanas murió. Fui yo quien llevó el cheque del seguro de vida a su viuda. Ella, en medio del más profundo dolor, me agradeció profundamente, y pudo sacar a sus hijos adelante.

Ese día entendí que hacer dinero en mi trabajo era importante y era el resultado de mi esfuerzo, pero que más importante era la vida, la familia y la capacidad de crear valor para los demás. En ese momento mi motivación dejó de ser el dinero y encontré una motivación mayor, más significativa, más poderosa. Vi cómo podía servir al prójimo con mi actividad, cómo un seguro de vida podía aliviar una tragedia tan fuerte como la muerte repentina de un padre.

Hoy, cuando salgo a vender seguros, no me mueve la comisión. Me mueve el servicio. Generar ingresos para mí sigue siendo importante, pero me di cuenta de que ganar y ganar dinero estaba motivado por el miedo a la escasez. En cambio, salir a ayudar a las familias a prever una situación tan desafortunada como una muerte repentina está motivado por el amor. El amor es la motivación más poderosa, más potente. Es la motivación correcta.

Me quedé un rato en silencio mirando el habano humeante entre sus dedos. Don Chucho había resumido en diez minutos, al borde de una piscina en República Dominicana, algo que yo llevaba buscando hacía mucho tiempo, algo que me llevara a vivir de una manera más liviana pero igualmente poderosa. Entendí que era el miedo el que hacía que me esforzara tanto: la necesidad de demostrar que yo podía, que yo valía, la necesidad de conseguir reconocimiento, la necesidad de saberme capaz. Todas esas necesidades egoístas y enfocadas en el dinero me movían, pero me pesaban. Don Chucho se movía a la acción como un tigre, liviano, poderoso, con Dios en su corazón. Con entusiasmo. El fuego encendido en su corazón, por la chispa del amor lo movía a la acción. Había logrado darle un sentido mayor, más significativo a su vida, lo movía un propósito superior.

MOTIVACIÓN: MOVERSE A LA ACCIÓN

Todos nos movemos. La pregunta no es si actuamos, es desde dónde lo hacemos.

Detrás de cada decisión financiera, por técnica o rutinaria que parezca, hay una fuerza que la origina. No siempre la vemos. No siempre la reconocemos. Pero está ahí, gobernando en silencio la dirección de nuestra energía, la calidad de nuestras elecciones y, en última instancia, la experiencia que tenemos de nuestra propia vida económica.

El estudio de la motivación ha ocupado un lugar central en la psicología contemporánea porque, en el fondo, toda conducta humana es una conducta motivada. Nada hacemos por puro azar. Incluso la inacción tiene una fuerza que la sostiene. La pregunta que ha guiado a investigadores durante décadas es sencilla en apariencia y compleja en su profundidad: ¿qué nos impulsa a actuar? Comprender esa pregunta no es un ejercicio académico distante, es una necesidad práctica para quien desea construir riqueza de manera consciente, porque antes de hablar de dinero, patrimonio o libertad financiera, debemos entender la energía que mueve nuestras decisiones.

Una de las distinciones más influyentes en la literatura científica es la que separa la motivación extrínseca de la motivación intrínseca. La primera se activa cuando actuamos para obtener una recompensa externa o evitar un castigo, dinero, reconocimiento, prestigio, aprobación, seguridad. Es un tipo de motivación poderosa y socialmente funcional, pero múltiples estudios han mostrado que, aunque eficaz en el corto plazo, tiende a desgastarse cuando se convierte en el único motor. La segunda, la motivación intrínseca, surge cuando la actividad en sí misma resulta significativa, cuándo sentimos que actuamos en línea con nuestros valores y nos impulsa al crecimiento, la autonomía, no es la recompensa externa lo que sostiene la acción, sino el valor interno que la persona experimenta al realizarla. La evidencia empírica sugiere que esta forma de motivación está asociada a mayor creatividad, persistencia y bienestar psicológico.

La motivación humana florece cuando se satisfacen tres necesidades psicológicas básicas: autonomía, competencia y relación. Necesitamos sentir que nuestras decisiones son realmente nuestras, que somos capaces de desarrollar habilidades y que estamos conectados de manera significativa con otros. Cuando estas dimensiones se ven comprometidas, la motivación se debilita o se vuelve puramente reactiva. En el ámbito financiero esto es especialmente relevante, una persona puede ganar dinero y, sin embargo, sentirse profundamente desmotivada si percibe que no tiene control sobre su vida, que su trabajo no expresa su capacidad o que sus logros no están integrados en relaciones auténticas, o reflejan sus valores personales.

Sin embargo, aquí aparece una observación decisiva. La ciencia describe con notable precisión los mecanismos del impulso, pero no determina su orientación ética o existencial. Explica cómo funciona el motor, pero no decide hacia dónde debe dirigirse. Podemos comprender los circuitos dopaminérgicos, establecer metas específicas y satisfacer necesidades psicológicas básicas, y aun así construir una vida profundamente desalineada con nuestro sentido más íntimo. El hecho de que algo nos motive no significa necesariamente que nos humanice. La intensidad del deseo no garantiza la calidad de su dirección.

Si la motivación es la energía que mueve nuestras decisiones económicas, entonces la construcción de riqueza no comienza en la técnica sino en la raíz del impulso. Antes de preguntar cuánto invertir, cómo diversificar o qué estrategia adoptar, debemos preguntarnos qué está encendiendo nuestro motor.

El miedo y el amor: las dos matrices

No toda energía que impulsa a la acción tiene la misma raíz. Dos personas pueden trabajar con la misma intensidad, perseguir metas similares y alcanzar resultados comparables, y sin embargo estar movidas por fuerzas interiores radicalmente distintas. En el terreno financiero esta diferencia no es menor, determina la calidad de la experiencia, la estabilidad emocional y, en última instancia, la relación que establecemos con el dinero.

En su raíz más profunda, la motivación humana tiende a organizarse alrededor de dos grandes motores: el miedo y el amor. No se trata de emociones pasajeras sino de matrices existenciales.

El miedo del que hablamos aquí no es el miedo biológico, esa reacción automática ante el peligro inmediato, activada en la amígdala, compartida con todas las especies vivas, intensa y breve, que se disuelve rápidamente una vez que el peligro pasa. Hablamos del miedo psicológico, persistente, rumiativo, aprendido. Se construye a partir de experiencias tempranas, modelos parentales, estructuras culturales y expectativas internalizadas. No responde a un peligro real sino a ideas, pensamientos y narrativas internas que se sostienen mediante conductas repetitivas. Este miedo interpreta el mundo como amenaza constante, instala la incertidumbre como estado de fondo y lleva a adoptar mecanismos de defensa que, paradójicamente, terminan siendo contraproducentes. Es desde ese lugar que la motivación deficitaria, la que tiene su origen en el miedo, opera.

Cuando el miedo psicológico gobierna la vida financiera, el dinero deja de ser un instrumento y se convierte en una seguridad que tarde o temprano prueba ser falsa. No solo se busca estabilidad económica, se busca validación. No solo se desea prosperar, se desea demostrar El patrimonio se transforma en escudo contra la vulnerabilidad y el éxito en antídoto contra la vergüenza. La motivación deficitaria es extraordinariamente eficiente para sobrevivir, genera disciplina, foco y persistencia, puede impulsar carreras brillantes y empresas exitosas, pero tiene un costo psicológico elevado: ansiedad constante, dificultad para disfrutar lo alcanzado, necesidad permanente de comparación. El resultado nunca resuelve la raíz del impulso. En este estado el dinero deja de ser medio y se convierte en medida, se mide el valor personal en cifras, el reconocimiento en ingresos, la seguridad en acumulación. Así se gesta la neurosis financiera.

Este motor suele ocultarse bajo narrativas socialmente aceptables. Decimos que trabajamos por responsabilidad, por la familia, por nuestros hijos, por el futuro. Y la responsabilidad y el cuidado son virtudes genuinas. Sin embargo, cuando examinamos con honestidad el impulso interno, encontramos a menudo que debajo de esas razones opera el temor a fracasar, a decepcionar o a perder reconocimiento. Delegamos el sentido de nuestra vida en obligaciones externas porque no hemos asumido la tarea de definirlo internamente. El dinero se convierte entonces en un sustituto del sentido.

El amor, como motor, no es un sentimiento romántico ni efímero. Es una profunda afirmación de la vida, una aceptación radical de lo que somos, un deseo genuino de contribuir al bienestar de otros y un gozo por desplegar el propio potencial. El amor no pertenece al mundo de las ideas, no se puede capturar en un concepto ni explicar del todo con palabras. Se siente en el cuerpo, en el alma y en la mente como algo cierto, innegable, inevitable. Una claridad ante la cual lo único que se puede hacer es rendirse y actuar.

Cuando la motivación nace del amor, surge lo que denomino motivación abundante. No porque esté asociada necesariamente con mayores ingresos, sino porque brota de una fuente interna que no depende de la carencia. El impulso no nace de evitar el dolor sino de expresar una verdad. La acción no es reacción ante la amenaza sino creación desde la claridad. La persona no trabaja para probar su valor sino para manifestar lo que es.

La motivación abundante no elimina el esfuerzo ni las dificultades, ni siquiera elimina el miedo. Lo que hace es algo más preciso: lo observa. Lo identifica, lo acoge sin enredarse en sus dinámicas, lo estudia con compasión y, finalmente, le da amor.

Le resta así cualquier influencia, cualquier poder. El miedo no desaparece, pero deja de gobernar.

Estas dos fuerzas no son equivalentes ni neutrales. El miedo contrae, defiende y compensa. El amor expande, integra y crea. El miedo tiende a producir tensión y urgencia, el amor, dirección y coherencia. El primero reacciona; el segundo decide. La riqueza construida desde el miedo puede ser cuantiosa, pero rara vez es pacífica. La riqueza que surge del amor puede atravesar ciclos de expansión y contracción sin perder su centro, porque está anclada en una elección más profunda que la mera supervivencia.

Comprender estos dos motores no es un ejercicio moralizante sino diagnóstico. No se trata de negar el miedo, que es parte constitutiva de la experiencia humana, sino de reconocer cuándo se ha convertido en el gobernante silencioso de nuestras decisiones. La pregunta fundamental, antes de hacer un presupuesto, no es cuánto vas a ganar.

Es: ¿desde dónde te estás moviendo? ¿Huyes del vacío o caminas hacia ese sentido mayor que has decidido darle a tu vida?

Tenemos la libertad siempre de elegir, pero para poder hacerlo es necesario actuar conscientemente, no desde los lugares automáticos aprendidos e instalados sin darnos cuenta. Es fundamental alcanzar ese lugar de consciencia dónde podamos decidir ir a la acción por amor y no por miedo.

Sin libertad interior, el dinero siempre tendrá la capacidad de reordenar nuestras prioridades. Con libertad interior, el dinero recupera su función instrumental. La persona puede ganar más sin perderse, puede perder sin desintegrarse, puede prosperar sin envanecerse y puede ajustar sin desesperarse. La estabilidad no proviene de la cifra acumulada sino del gobierno interior esa claridad que da el entusiasmo y que enciende la motivación abundante..

Este trabajo interior no es accesorio a la vida financiera, es su fundamento invisible. Sin él, la motivación deficitaria reaparece bajo formas más sofisticadas. Con él, la motivación abundante puede sostenerse incluso en contextos adversos.

Aprender a distinguir estas dos voces: El miedo y el amor, es un arte de vida que se afina con el tiempo, con el silencio y con la herramienta del discernimiento. No es un destino que se alcanza de una vez. Es una práctica cotidiana. Una elección que se renueva cada mañana.

MAS ALLÁ DEL DINERO

Hacia un marco conceptual de las Finanzas Transpersonales

Se podría afirmar que las finanzas son la disciplina que estudia cómo las personas, las empresas y las sociedades obtienen, administran y utilizan recursos económicos a lo largo del tiempo, tomando decisiones sobre ahorro, inversión, gasto y riesgo con el fin de alcanzar determinados objetivos.

En otras palabras, las finanzas buscan invertir, administrar e invertir el dinero eficientemente.

Cuándo hablamos de Finanzas Personales, hablamos de la relación que deberíamos construir con esa potente convención que es el dinero y buscamos abordarlo inevitablemente desde la razón, partiendo de supuestos y de conceptos fijos transmitidos por generaciones respecto a la dinámica del dinero en nuestras vidas. Nos olvidamos pues, de que el "ser humano" es mucho más que la razón.

Durante siglos hemos cometido el error de separar la materia del espíritu, y en ninguna área de la experiencia humana esta división ha sido tan dolorosa como en nuestra relación con el dinero. Esa dualidad nos obliga a escoger un bando, tiñe de maldad la riqueza y exalta solapadamente la austeridad,, cuando la experiencia humana parece ser, en realidad, una invitación a integrar ambos aspectos: a disfrutar plenamente la materia y usarla con libertad, en la medida en que nos acerque, y no nos aleje, de nuestra consciencia superior.

El dinero no es simplemente papel, metal o bytes en la pantalla de un banco. Es energía condensada, es la materia respondiendo a la vibración de quien la maneja. Nuestra billetera no es más que un espejo de nuestra arquitectura interna.

Nuestra relación con la economía no evoluciona únicamente ganando más dinero o aprendiendo a usar una hoja de cálculo. Evoluciona atravesando un proceso de maduración interior. Así como la consciencia humana transita del sueño a la vigilia y de la vigilia a la trascendencia, nuestra relación con la riqueza atraviesa grandes estadios de evolución. Entender ese mapa no solo sana nuestra economía, sana nuestra alma.

La palabra transpersonal no es casual. Viene de la psicología transpersonal, ese territorio que va más allá del ego individual para explorar las dimensiones espirituales y trascendentes de la experiencia humana. Aplicada a las finanzas, significa exactamente eso: ir más allá del dinero como fin en sí mismo, más allá del ego que acumula para demostrar, más allá del miedo que acapara para sobrevivir. Las Finanzas Transpersonales proponen usar el dinero como lo que siempre debió ser, un instrumento al servicio de algo mayor.

Podríamos afirmar entonces que Las Finanzas Transpersonales integran la dimensión psicológica, espiritual y existencial del ser humano al manejo del dinero, orientando los recursos materiales hacia un propósito mayor.

Las finanzas tradicionales administran capital.

Las finanzas transpersonales transforman la relación con el dinero.

Buscando mayor claridad:

Para mi las finanzas buscan conseguir, administrar e invertir dinero mediante procesos de decisión conscientes que contemplan el riesgo y la incertidumbre, con el propósito de favorecer el crecimiento patrimonial y mejorar las condiciones de vida a lo largo del tiempo.

Las Finanzas Transpersonales son el resultado de la evolución de la consciencia respecto al dinero, en dónde se integran la dimensión psicológica, espiritual y trascendente de la experiencia humana a las finanzas, orientándose hacia un propósito mayor y reconociendo al mismo dinero como un medio para el desarrollo de la consciencia y la autorrealización.

Los tres estadios: el mapa de la evolución financiera

Nuestra relación con la riqueza no cambia de golpe. Atraviesa un proceso de maduración interior que podemos describir en tres grandes estadios. No son categorías rígidas ni juicios de valor, son estaciones de un mismo viaje. Y lo más importante: ninguno de nosotros habita permanentemente en uno solo. Nos movemos entre ellos según el momento, el contexto y el nivel de consciencia que traemos a cada decisión.

Estadio I, Finanzas Pre Personales: El Zombie

En el inicio del viaje evolutivo, la consciencia se encuentra dormida. Este es el estado de la supervivencia mecánica. Aquí, el individuo no vive su vida, sino que es vivido por un guión cultural heredado, el status quo en que nació lo recibe sin cuestionamientos y lo vive como el "deber ser" de las cosas. Es el arquetipo del "Zombie del Sistema".

En este nivel, el dinero es percibido como una fuerza externa, a menudo hostil, que debe ser cazada o temida. La persona opera bajo la ley del accidente: siente que las crisis financieras "le suceden", que la inflación es un castigo y que el empleo es su único refugio ante la intemperie.

Biológicamente, este estadio está gobernado por el cerebro reptiliano y el sistema de "lucha o huida". No hay espacio para el discernimiento, la creatividad ni para la visión, porque toda la energía psíquica se consume en la ansiedad de la supervivencia o en la hipnosis del consumo. El individuo busca desesperadamente seguridad ("un sueldito y mi casa"), sin darse cuenta de que la seguridad externa es una ilusión.

Aquí, el dinero es el amo y la persona es el esclavo. La relación es de necesidad y dependencia. El sujeto no se ha diferenciado de la masa; es una célula más en el tejido productivo, repitiendo patrones sin cuestionarlos, esperando la jubilación como quien espera la liberación de una condena.

Este nivel opera desde el flujo sentir → hacer → pensar. Lo visceral domina. No hay discernimiento, sólo reacción inconsciente, actuar autómata. La motivación es el miedo, que deriva en resignación y obediencia, que hace bajar la cabeza y no preguntarse más de la cuenta, de estar alerta y cumplir con lo que se le indica desde las posiciones de autoridad.

Estadio II, Finanzas Personales: El Estratega

Eventualmente, la fricción del sufrimiento o un destello de lucidez sacude al individuo. Surge el "Yo". Nace la ambición, el deseo de control y la búsqueda de identidad. El sujeto deja de ser una víctima para convertirse en un Estratega, que se siente con derecho y con la energía para buscar superarse a sí mismo, buscar superar sus circunstancias y cambiar el guión que pareciera ser su destino.

Busca modelos a imitar, hombres y mujeres que "lo han logrado" que han conseguido dinero, que tienen poder y reconocimiento y son entronados como ídolos que motivan un cambio de la realidad externa que les rodea.

Se empieza a estudiar finanzas, se hace presupuesto, se habla de "libertad financiera" y de "ingresos pasivos", se quiere invertir. El dinero ya no es un misterio aterrador, sino una herramienta a conquistar. Aparece el lenguaje de los activos productivos, de los famosos "ingresos pasivos", de la anhelada "libertad financiera". Se asiste a seminarios, se exploran inversiones excepcionales, se emprende con el objetivo de ser el próximo "unicornio tech", o de por lo menos lograr pasar filtros de "inversionistas ángel" que le suministren los millones necesarios para lograr pasar de proyecto a realidad.

Se entra en una dinámica de "Soñar Despierto" de técnicas de "visualización" en dónde todo es posible si se lo propone uno, sin prestar mayor atención al sentido, o al propósito del esfuerzo que se está realizando. Busca sistemas de productividad en su rutina diaria, se enfoca en crear hábitos y mantenerse motivado oyendo constantemente podcasts de pseudo gurús financieros.

La pregunta ¿Para qué? no tiene una respuesta certera, poderosa, más bien una lógica inconsciente que justifica el esfuerzo con desarrollar todo su potencial económico, construir riqueza y difícilmente sale de ahí.

La gran trampa de este nivel es la fantasía de control total: por un lado, la idea de que, si aprendo lo suficiente, si aplico la estrategia correcta, lograré la libertad absoluta. Pero esa libertad se convierte en otra cárcel.

Aunque en este estadio se logren resultados, se acumule capital y el patrimonio crezca, suele haber más ansiedad. Porque lo que antes era ignorancia, ahora es presión. En ambos casos se quiere escapar de la vida, no comprometerse con ella. Buscar la seguridad desde el control, no desde la confianza.

Habitar este lugar durante mucho tiempo en dónde el dinero es el fin, termina inevitablemente contactando con un oscuro vacío: El sin Sentido.

Estadio III, Finanzas Transpersonales: El Alquimista

El salto cuántico ocurre cuando la consciencia se expande más allá del ego y sus miedos. Ya no se trata de conquistar Wall Street ni de estructurar una empresa para una salida a bolsa. Se comprende una verdad fundamental: el dinero no tiene poder propio. En este baile, nosotros somos la energía, el dinero, apenas su materialización.

Este es un momento muy riesgoso, pues puede aparecer,

sin darnos cuenta el "Materialismo Espiritual" una versión más sofisticada que busca salir del guión recibido en un estadio pre personal.

Acá con algo más de consciencia y sin poder descifrar la energía del dinero, se opta por rechazarlo, por evadir la realidad material, y optar por enfocarse totalmente en lo que se logra entender como "espiritual", rechazando cualquier tipo de relacionamiento con las finanzas y el ruido que hace el dinero en nuestra mente, sin lograr eliminarlo totalmente. Se espera vivir del amor desconectándolo de la dinámica humana mundana y sus convenciones económicas tradicionales.

Se busca la "granja autosostenible", o se retira a meditar dentro de una concepción asceta y moralista insostenible en el tiempo, en un movimiento reactivo en contra del sistema que ha prevalecido en la historia de la humanidad hasta el tiempo presente.

Es en este lugar dónde se empieza a experimentar que algo no esta funcionando bien, que no llena el vacío existencial que se acentúa cada vez mas. El ego, en su afán de sentirse especial, suele polarizarse en uno de dos disfraces que parecieran ser opuestos, pero son idénticos en su raíz: El motor sigue siendo el miedo, buscando una autoafirmación que se manifieste en poder, reconocimiento o placer.

El "Yuppie" Financiero que nació en la etapa anterior, busca poder, independencia, validación social. Se obsesiona con sistemas de automatización, multiplicación de capital y escalabilidad. No quiere trabajar más: quiere que el dinero trabaje por él. El "Hippie" Espiritualizado que podría aparecer luego de contactar con un vacío profundo, pero que no entiende bien la transición evolutiva, niega el dinero, lo considera impuro, lo rechaza en nombre de un despertar interior. Pero detrás del rechazo, hay miedo, culpa, o incluso deseo reprimido. Su espiritualidad es una estrategia más del ego, que le impulsa a un "crecimiento espiritual" hacia una "mejor versión" que levite en medio de los mortales.

El dinero sigue siendo el eje, ya sea por su deseo o su negación.

Al atravesar este falso oasis, y entender que el dinero es parte de la experiencia humana y que antes que evitarlo hay que ponerlo en su lugar, en el lugar de medio y no de fin, el individuo se convierte en alquimista. El dinero es destronado, deja de ocupar el centro de la vida y pasa a ser un instrumento al servicio de un propósito mayor. El alquimista ya no lo busca desde la carencia del zombie, ni desde el control del estratega. Opera bajo un principio superior:

El dinero es la representación material del agradecimiento por el valor que creo y ofrezco a la sociedad.

En este estadio, el dinero no es el objetivo sino el efecto inevitable. El foco está en generar valor real desde la autenticidad. Las decisiones ya no las dicta el ego, sino la coherencia con el sentido de vida. El trabajo deja de ser una carga y se convierte en la mayor expresión creativa de quien uno es. La relación con la economía se vuelve liviana y limpia, el dinero se usa, se invierte, se comparte. No se gana con sufrimiento sino con claridad; no se acumula desde la angustia sino desde la coherencia; no se usa para demostrar estatus sino para servir y amplificar el impacto en el mundo.

En este estadio, el dinero no es el objetivo, sino el efecto. El foco está en generar valor real, desde la autenticidad y el servicio.

Ya no se actúa desde el miedo ni desde la ambición, sino desde el amor, se actúa con consciencia presente y entusiasmo.

La relación con el dinero se vuelve liviana, limpia y libre. Se acepta la incertidumbre, se integra el riesgo, se reconoce el flujo. El dinero fluye, se usa, se comparte. Ya no se acumula desde la escasez ni se rechaza desde la culpa. Aquí opera un nuevo flujo: sentir, pensar y hacer suceden en equilibrio, dependiendo de cada situación y en un estado de flow presente, consciente y responsable. La mente, el corazón y las manos están alineados.

El Alquimista entiende que el dinero no se gana con esfuerzo, sino con claridad. Que no se acumula desde la angustia, sino desde la coherencia. Que no se usa para demostrar, sino para servir. El dinero es un certificado de gratitud. Es la forma que tiene la vida de decir: gracias por tu energía, gracias por tu aporte, gracias por tu presencia.

El trabajo ya no es carga, es danza. La planificación ya no es control, es expresión de cuidado. La abundancia no es una meta, es un reflejo natural del nivel de consciencia alcanzado. La alquimia se completa: el alma se encarna, y la materia se espiritualiza. Se entiende que la libertad financiera no consiste en tener mucho dinero, sino en la capacidad de crear ingresos siempre.

Las Finanzas Transpersonales son exactamente ese tercer estadio, no como destino lejano sino como práctica cotidiana. Una coherencia entre lo que siento, lo que pienso y lo que hago. Una vida donde el dinero fluye como consecuencia natural de crear valor desde el amor, desde el en-theos, desde el fuego en el corazón.

Las finanzas personales, como todo lo humano, evolucionan. Dejemos de verlas como un método frío para hacer crecer el dinero. Integremos lo espiritual y lo trascendente. Hablemos de Finanzas Transpersonales: unas finanzas que invitan a usar el dinero como herramienta para vivir el propósito apasionadamente, descubrir lo que de verdad queremos, y construir una vida tranquila, próspera y abundante.

Cuando se comprende que el dinero es la consecuencia del valor creado, la persona deja de perseguirlo directamente y dirige su energía hacia aquello que realmente lo genera. La vida económica deja de ser una lucha por acumular recursos y se convierte en una expresión natural de la creatividad, la responsabilidad y el sentido de la existencia. El dinero aparece entonces como la huella visible de una vida que ha decidido participar plenamente en la creación de valor en el mundo.

LA ENERGÍA SE HACE MATERIA

Convertir el plomo en oro, tal vez es una ilusión que el hombre persiguió sin éxito. Ese tipo de alquimia pareciera haber fracasado, pero existen muchos otros tipos de transformación que hemos encontrado los seres humanos, transformaciones que tal vez tengan un mayor valor, como transformar una acción en materia, eso podría decirse del dinero. La alquimia de convertir lo que hago en una convención material que sirve para medir, para intercambiar, para almacenar. Un acuerdo entre dos partes, dónde una provee un servicio o entrega un producto y la otra entrega una unidad de medida representada en un papel avalado por la fe pública, o un simple registro en los servidores de unos bancos.

Ese es el tipo de alquimia económica moderna, en donde mi energía se transforma en materia. En donde mi arte se transforma en dinero.

La alquimia financiera entonces, para mí es la capacidad de crear valor para los demás y de gestionar responsablemente los recursos que ese valor produce. Hay una distinción sutil pero contundente, el patrimonio, como lo vamos a ver a continuación, describe una estructura, el conjunto de recursos disponibles, pero la alquimia financiera describe una facultad:

la capacidad consciente de dirigir esos recursos de manera deliberada hacia la construcción de una vida con sentido. El verdadera alquimia no consiste en un poder sobrenatural de tocar las cosas y convertirlas en oro, sino de integrar lo que eres y lo que tienes bajo una fuerza interior clara, un propósito decidido con aplomo y la capacidad de estar presente, tomar decisiones conscientes y estar dispuesto a asumir responsable y totalmente, sus consecuencias.

¿Quieres dinero? Crea valor con lo que eres y lo que tienes.

¿Quieres aumentar tu capacidad de crear valor? Sube tu energía.

¿Quieres subir tu energía? Sana tu corazón. ¡Despierta!

EL PATRIMONIO: FUENTE INFINITA DE RECURSOS

¿Qué hacer entonces en una época en la que tenemos la estadística a nuestro favor para vivir cien años, pero el sistema laboral tradicional nos cierra las puertas en la cara a los cincuenta? Si el acceso a los esquemas de compensación salarial es cada vez más inviable y el mito de la pensión se desmorona frente a nuestros ojos, la respuesta no puede ser la parálisis ni la queja. La única salida lógica y digna es empezar a construir estrategias de gestión patrimonial que no dependan del capricho de un tercero, de un jefe de recursos humanos o de la reforma de turno de un gobierno quebrado.

Necesitamos construir un patrimonio sólido, un ecosistema propio que nos permita generar valor a la sociedad, asegurándonos ingresos, libertad y un crecimiento constante hasta el último de nuestros días. Pero para entender la inmensa posibilidad que tenemos en nuestras manos, primero debemos demoler las viejas creencias y redefinir lo que realmente significa la palabra patrimonio.

Etimológicamente, patrimonio significa "legado de los padres". Según la Real Academia Española, en términos jurídicos es el conjunto de bienes pertenecientes a una persona susceptibles de estimación económica. Durante el último siglo, el sistema educativo y corporativo se encargó de reducir este concepto a una fría y aburrida expresión contable, la simple diferencia entre los activos y los pasivos.

Esta simplificación, aunque tremendamente funcional para un contador o para el analista de riesgos de un banco, resulta trágicamente insuficiente para comprender la verdadera naturaleza de nuestra riqueza. Nos hicieron creer que el patrimonio era algo estático, los ladrillos de una casa, el saldo de una cuenta de ahorros o el papel de una acción. Nos enseñaron a medir la riqueza como si fuera una fotografía, cuando en realidad es una película en pleno rodaje.

En su raíz más profunda, el patrimonio no es una cifra inerte en un estado financiero, es una estructura viva, palpitante, que emerge de la interacción entre la persona y sus recursos. Debe ser entendido como la integración dinámica entre lo que el individuo es capaz de producir y los medios que posee para amplificar esa capacidad en el mundo real.

El patrimonio es, entonces, la suma inseparable de todo lo que "tengo" y todo lo que "soy". Para crecer en este nuevo paradigma, cuento con dos grandes factores productivos, mi propia capacidad de generar valor, que llamaremos Capital Humano, y los vehículos que capturan, generan o acumulan ese valor, que llamaremos Capital Financiero.

Podemos resumirlo en una ecuación:

$$P = KH + KF$$

La valorización patrimonial ocurre cuando gestionamos de manera estratégica y consciente lo que somos y lo que tenemos. Este crecimiento inevitablemente se refleja en los ceros a la derecha en nuestra cuenta bancaria, pero, de manera mucho más trascendental, se refleja en nuestra propia experiencia de vida.

Por eso, para hacer crecer los activos financieros, estudiamos finanzas, analizamos mercados y leemos balances, pero para hacer crecer nuestro capital humano, recurrimos a herramientas mucho más profundas: el autoconocimiento, la nutrición física y la terapia para el alma . Vivimos una época excepcional en la que la consciencia está despertando. Ya no solo buscamos sobrevivir, buscamos darle sentido a nuestra existencia y vivir plenamente nuestro propósito, sanar nuestras heridas generacionales, y así poder experimentar una realidad más significativa. Podría decirse que gran parte de la humanidad empieza a comprender que si sano mi corazón, sano mi bolsillo, si elevo mi energía vital, crezco patrimonialmente. Todo está conectado.

La metáfora del cazador

Vamos a dejar algo muy claro: la única forma sostenible de hacer dinero es creando valor para la sociedad mediante la oferta de un producto o servicio que resuelva un problema real. El dinero es, simplemente, un certificado de agradecimiento que el mundo te entrega por haberle solucionado una necesidad a alguien.

Gestionar el patrimonio no es otra cosa que ponerlo al servicio del mundo de la manera más eficiente posible. La relación entre nuestras dos formas de capital puede ilustrarse mediante una metáfora fundamental.

El Capital Humano es el cazador, es la persona, de carne y hueso, con su intuición afilada, sus cicatrices de batallas pasadas, su ojo clínico para detectar oportunidades y su energía vital para salir al bosque. El Capital Financiero es el arco y la flecha, son los instrumentos, el capital y las plataformas que amplifican la capacidad del cazador para alcanzar su objetivo a grandes distancias y con precisión letal.

Sin cazador, el arco más fino del mundo no es más que un pedazo de madera inútil acumulando polvo. Sin arco, el cazador más prodigioso y experimentado ve drásticamente limitada su capacidad de acción, obligado a intentar atrapar a su presa con las manos desnudas, agotándose en el proceso. El patrimonio sólo estalla en verdadera abundancia cuando ambos elementos se integran de manera coherente.

El Capital Humano: la fuente de la producción

El Capital Humano constituye el núcleo absoluto de nuestro patrimonio. Es el origen, el motor principal y el límite de toda creación económica. El gran error de nuestra generación fue pensar que el Capital Humano era simplemente el título universitario o la lista de cargos en un currículum. En realidad, integra tres dimensiones complejas.

Capital Productivo

Es nuestra capacidad directa de generar valor en el mundo. Agrupa nuestras habilidades duras, pero sobre todo esos veinte o treinta años de experiencia acumulada que ninguna inteligencia artificial tiene. Tu conocimiento técnico, el ojo clínico para los negocios, la capacidad para leer una sala de juntas y las cicatrices de tus fracasos son la materia prima de tu nueva oferta al mundo. En el viejo paradigma, este capital se resumía en una hoja de vida suplicante, hoy tu Capital Productivo se empaqueta, se comunica y se monetiza directamente sin pedirle permiso a un departamento de recursos humanos.

Sin embargo, su verdadero potencial sólo se revela cuando se gestiona con intención, cuándo se tiene empatía por las necesidades del otro. Saber mucho de algo no sirve de nada si no seleccionas qué problema vas a resolver, cómo lo vas a convertir en un producto o servicio.

Capital Erótico

Lejos de la interpretación superficial de la palabra, el eros remite a la fuerza más potente del universo,la pulsión de vida. El Capital Erótico es la energía vital que sostiene la acción. Es tu salud física, tu claridad mental y tu paz espiritual. Si pretendes vivir y ser productivo hasta los 100 años, no puedes tratar a tu cuerpo como un carro alquilado que planeas estrellar a los 60.

La gestión de esta energía es invisible pero absolutamente determinante. Si esta energía está fragmentada, intoxicada o agotada por años de burnout corporativo, tu capacidad de generar ingresos colapsa irremediablemente. Un cazador enfermo, deprimido o crónicamente estresado no puede cazar, sin importar qué tan bueno sea su arco. No se trata aquí de erotismo en su acepción superficial, sino de eros como pulsión de vida que sostiene la acción humana en el tiempo. Sin esta energía interior, incluso las capacidades productivas más sofisticadas pierden su fuerza. Tu energía vital depende de tu salud mental, física y espiritual, invertir en ellas es tal vez la mejor inversión que podrás hacer en tu vida.

Capital Evolutivo

Es la dimensión más profunda del ser humano, nuestra capacidad para aprender, desaprender, adaptarnos y expandir nuestro nivel de consciencia, de despertar a una realidad mayor y evolucionar. El Capital Evolutivo incluye la resiliencia frente al fracaso, la empatía, la consiliencia y la neuroplasticidad. El Capital Evolutivo es lo que nos permite navegar las nuevas realidades sin morir en el intento. Es el instinto darwiniano aplicado a tus finanzas.

Es la fuerza que te impide quedarte llorando por el empleo perdido o el proyecto que no tuvo la fuerza de salir adelante. Es la capacidad de mirar las adversidades no como problemas que amenazan tu existencia, sino como desafíos que te retan a utilizar tu potencial creativo. Es la consciencia que reinterpreta la realidad y crea nuevas maneras de entregar valor en medio del caos. Representa la capacidad de aprendizaje, adaptación y transformación frente a la incertidumbre, en un mundo cambiante, esta dimensión se vuelve cada vez más determinante, pues permite a la persona levantarse, superar crisis y expandir su comprensión de la realidad.

El Capital Financiero: la estructura de amplificación

Si el Capital Humano es la fuente inagotable de la producción de valor, el Capital Financiero es la infraestructura tecnológica y económica que nos permite almacenar, organizar y multiplicar exponencialmente ese valor. Se expresa en tres componentes fundamentales.

Liquidez

La liquidez es la disponibilidad inmediata de recursos. Su función principal no es generar rentabilidad sino proporcionar algo invaluable: La postura soberana para negociar en tus propios términos, y eso te permite maximizar la utilidad en última instancia.

Activos

Se traducen en bienes o derechos susceptibles de valoración. Los activos guardan el valor y prestan un servicio por sí mismos, un servicio de valoración o de renta. Nos permiten apalancar nuestra actividad.

Capacidad de apalancamiento

La capacidad de apalancamiento está relacionada directamente con la reputación, con el nombre que se tiene frente a los demás. Es un factor productivo en la medida que cuento con la capacidad de acceder a recursos de manera rápida y sin la necesidad de vender mis activos. Esta capacidad de acceder a recursos es fundamental en el devenir de la creación de valor.

El equilibrio perfecto

Dos personas pueden tener exactamente el mismo patrimonio en términos contables, el mismo saldo en el banco, el mismo tipo de apartamento y, sin embargo, habitar realidades económicas y emocionales completamente distintas. Una puede vivir en paz y abundancia, mientras la otra no puede dormir por la ansiedad. La diferencia no se encuentra en los activos que poseen, sino en la relación psicológica, pero sobre todo energética y espiritual que cada una mantiene con ese dinero, con su capacidad productiva y con el sentido que orienta sus decisiones.

El Capital Humano es inherente a ti, nadie te lo puede expropiar ni embargar. El Capital Financiero es externo, son los recursos económicos, las herramientas y el dinero que puedes mover, perder o multiplicar. Aunque ambos tipos de capital son fundamentales, es imperativo entender sus diferencias.

Si te dedicas únicamente a acumular dinero en el banco pero destruyes tu salud física y quemas tu energía vital en una oficina de lunes a domingo, eres un cazador enfermo empuñando un arco de oro macizo que ya no tiene fuerzas para tensar. Si, por el contrario, estás lleno de grandes ideas, tienes una salud envidiable y talentos excepcionales, pero te niegas a aprender cómo funcionan las finanzas digitales, los activos y la inversión, eres un cazador prodigioso corriendo descalzo por el bosque, intentando cazar su cena todos los días con las manos vacías.

El verdadero bienestar, el único que nos garantizará prosperidad, dignidad y gozo para los próximos cincuenta años de nuestra existencia, exige que el cazador y sus herramientas trabajen, por fin, en perfecta y armónica sincronía.

PILARES DE LA ALQUIMIA

Pilar I: El discernimiento: la sabiduría de la renuncia consciente

Si la motivación es el motor, el discernimiento es el volante.

Conviene distinguir entre escoger y decidir. Escoger es seleccionar entre opciones según preferencias inmediatas. Decidir implica reflexión, voluntad y el reconocimiento de consecuencias imprevisibles. Al decidir, ganas algo y, inevitablemente, pierdes algo. El discernimiento no es simplemente distinguir entre lo bueno y lo malo. A cierta altura de la vida, el verdadero reto es optar entre dos caminos aparentemente válidos, sabiendo que solo uno resuena con la propia esencia.

Esto nos lleva a la acción más temida por nuestra cultura: la renuncia. Renunciar suena a fracaso o debilidad, pero en realidad es la confirmación madura de una elección consciente. No hay dirección sin exclusión. El costo de oportunidad no es solo un término económico, es la vida que dejamos de vivir por vivir la que elegimos. La renuncia auténtica es un acto de libertad: reconocer que nuestra energía es sagrada y debe consagrarse sólo a lo que realmente importa. Quien no está dispuesto a soltar su antigua identidad o su necesidad de validación, no podrá sostener una vida verdaderamente suya.

En el terreno financiero, el discernimiento permite decidir dónde invertir la energía, el tiempo y los recursos. Permite reconocer qué oportunidades están alineadas con la creación de valor y cuáles son simplemente ilusiones económicas que desvían la atención de lo importante. No se trata solo de saber cómo ganar dinero, sino de comprender qué tipo de actividades merecen realmente nuestra dedicación, y asumir con responsabilidad el riesgo de pérdida y el costo de nuestras decisiones.

Pilar II: La creatividad: el laboratorio del alquimista

Hay una cosa muy clara, llegamos a este mundo y encontramos una realidad andando, con el tiempo fue evidente para nosotros que hay una creación que no es nuestra, la ciencia la logra explicar hasta cierto punto, pero por más tercos y soberbios que seamos, llega el momento en que no nos queda más que reconocerle a una fuerza superior su autoría.

Sin embargo, encontramos también otra serie de creaciones, invenciones, sistemas. Vemos cómo el hombre es co creador de nuestra realidad presente, el hombre no inventó el río, pero si el puente que lo cruza, no inventó el clima pero si los sistemas de calefacción o refrigeración que lo estabiliza en un entorno cerrado

El valor del que hablamos en la alquimia no es el que se nos fué presentado, el que se encuentra en la naturaleza, esa creación viene de un lugar superior. El valor del que hablamos acá como pilar es el valor que nosotros podemos crear.

El ser humano es creativo por naturaleza, no existe una

persona incapaz de crear, así su discurso interior diga lo contrario, son simples limitaciones que inconscientemente nos hemos auto impuesto. Cada producto útil, cada servicio valioso, cada innovación que mejora la vida de otros nace de la capacidad creativa del ser humano. Sin creatividad no hay valor, y sin valor el dinero pierde su fundamento.

La creatividad es un pilar fundamental de la alquimia financiera, encontrar nuevas formas y estructuras que creen valor que unan voluntades hacia un fin determinado, en presentar propuestas de innovadores productos y servicios que hagan de nuestra vida una más tranquila y abundante.

Pilar III: La acción consciente: el propósito presente

El sentido es dirección, el propósito presente es foco. El sentido organiza la vida en el largo plazo; el propósito presente concentra la energía en el ahora.

Muchas personas confunden propósito con una idea abstracta, casi mística, que parece lejana e inalcanzable. Hablan de "mi propósito" como si se tratara de una revelación futura. Pero la vida no se vive en el largo plazo, se vive en decisiones puntuales. El propósito auténtico siempre se expresa en una acción concreta que puede realizarse solamente en el momento presente, una acción que va en línea con el sentido de vida que has elegido y que es el curso de acción obvia en este momento.

Cuando el propósito permanece en el plano abstracto, la motivación se dispersa. En cambio, cuando se concreta, la energía se concentra. El miedo pierde poder porque la atención deja de girar en torno a escenarios hipotéticos y se ancla en la acción real.

En términos financieros, el propósito presente transforma radicalmente la relación con el dinero. La planificación deja de ser una reacción ante el miedo y se convierte en disciplina consciente al servicio de una dirección. Diseñar un plan financiero, reducir deudas, estructurar portafolios, fortalecer habilidades productivas o crear fuentes de ingreso sostenibles dejan de ser movimientos técnicos y se convierten en expresiones del sentido. La acción siempre vencerá la intención, no basta con decidir y crear, hay que lanzarse a implementar acciones, hay que convertir la palabra en materia.

MAESTRÍA DEL DINERO

¿Así que te gusta el dinero, no?...A mí, también. He dedicado los últimos 30 años de mi vida a estudiarlo, a entenderlo y a buscarlo, y lentamente he ido entendiendo mi dinámica con él.

No soy muy diferente a ti, quiero ganar dinero, quiero invertirlo a las mejores tasas posibles, y quiero disfrutarlo plenamente. Eso lo entendí luego de acompañar a más de dos mil personas en mi práctica como asesor financiero. Todos, absolutamente todos, buscamos el mismo tipo de inversión: Una inversión que genere la mayor rentabilidad posible, sin riesgo, en el menor tiempo posible y con la capacidad de disponer del dinero en cualquier momento.

Eso sí, si tenemos exceso de liquidez para invertir. Si no disponemos de liquidez, queremos encontrar la manera de hacernos millonarios sin asumir muchas responsabilidades ni arriesgar nuestro patrimonio. Y, ojalá, con un requerimiento muy bajo de nuestro preciado tiempo.

¡Somos unos personajes!

En el fondo, sabemos que nada de esto es posible. Que el dinero se consigue asumiendo riesgos y trabajando con dedicación y esfuerzo. Pero queremos creer que el dinero fácil esta por ahí, en algún lugar esperándonos, la "libertad financiera" que ofrecen los "ingresos pasivos" están en algún lado, simplemente no hemos buscado lo suficiente. De manera infantil, no queremos despertar a la realidad de que para ganar dinero hay que trabajar y arriesgar.

Ahí es cuando aparece algún "genio" financiero que nos valida esa esperanza. Que nos dice que sí existe El Dorado, que él ha descubierto la fórmula de la alquimia y que tiene la inversión perfecta que cumple con todos esos requisitos que tanto anhelamos. Llega con el nombre de Gregor MacGregor, Carlo Ponzi, Bernard Madoff, Sam Bankman-Fried... Y podría terminar este escrito con una larga lista de estafadores que, un día, se vendieron como "genios financieros" y terminaron validando de manera categórica, para mí, una teoría que hoy quiero presentarte:

Las finanzas, antes de ser una ciencia, son un arte. Un arte, como todos, que se puede llegar a dominar. En el cual podemos hacernos maestros. Y vale anotar: sin estafar a nadie.

El manejo del dinero, la capacidad de hacer crecer el patrimonio, el camino hacia unas finanzas sólidas y prósperas, y una relación abundante con el dinero, no se trata solo de números, de aprender conceptos de inversión o de estrategias elaboradas con modelos matemáticos complejos en mercados financieros. Se trata, fundamentalmente, de identificar tres dimensiones en nosotros... e integrarlas.

¿Cuáles son esas tres dimensiones?

¡Dios mío! Sí que he estudiado finanzas. Estudié Finanzas cinco años en la universidad, Me especialicé en mercados de capitales, trading de divisas, gestión de portafolios y hasta derecho tributario. Creía que en los libros, en la academia, encontraría las respuestas a la pregunta fundamental: ¿Cómo puedo invertir mi dinero para ganar más?

Vertí mi tiempo, mi energía y mis recursos en aumentar mi conocimiento. Esa fue la primera dimensión que entendí como necesaria para poder dominar esa convención que creamos los seres humanos llamada dinero: la mente, la razón. Entender qué es el dinero y conocer las leyes que lo rigen. Comprender su naturaleza y su función como instrumento, para poder tomar mejores decisiones.

Pero no importaba cuánto estudiara, cuánto aprendiera. Los resultados no eran necesariamente los que esperaba. A veces se ganaba un poco, otras se perdía, y rara vez ocurría algo extraordinario y generaba rentabilidades interesantes atípicas que pronto se olvidaban... para luego seguir persiguiendo la ilusión de ganar mucho más.

En 2005 llegó a mis manos un libro muy interesante: "El Cisne Negro". Fue el comienzo de una aventura cuyo alcance no podía prever en ese momento. Un libro escrito por un trader de opciones en la Bolsa de Nueva York: Nassim Nicholas Taleb. Lo interesante es que, aparte de ser financiero, Taleb es matemático y filósofo. En este libro, presenta un análisis de la naturaleza de la incertidumbre y de la ansiedad del ser humano frente a lo incontrolable... especialmente en las finanzas.

Fue entonces cuando entendí que, además de conceptos técnicos y académicos sobre el manejo del dinero, necesitaba comprender más a fondo otro aspecto clave de las inversiones: la incertidumbre. Y más allá de eso: los efectos que la incertidumbre tiene sobre mí, específicamente sobre mis emociones al tomar decisiones financieras.

Segunda dimensión: la emoción

Los principios académicos de las finanzas, los postulados económicos, son eso... simplemente teorías. Pero las decisiones se toman inevitablemente en momentos de incertidumbre. Y la incertidumbre, en los humanos, genera una carga potente de emociones. En nuestra relación con el dinero, las emociones que priman al tomar decisiones financieras suelen ser el miedo y la ambición: dos pésimas consejeras.

Con los años, pude identificar claramente un patrón: los clientes que asumían una actitud más tranquila frente al dinero, generalmente tomaban mejores decisiones y obtenían mejores resultados. Eran clientes con los que era un gusto reunirse. Tomaban decisiones con responsabilidad, pero no dejaban que los resultados afectaran su estado de ánimo. Mantenían una actitud positiva y veían el dinero como lo que es: un instrumento.

Comprendí que había una dimensión mucho más poderosa que la razón: la dimensión emocional. Esa era la dimensión que realmente sumaba valor al proceso de toma de decisiones de inversión.

Eso me llevó a las Neurofinanzas, un área fascinante que estudia el comportamiento humano en relación con el dinero.

Las neurofinanzas buscan explicar cómo las emociones sesgan nuestros procesos cognitivos al tomar decisiones financieras bajo incertidumbre. Más allá de lo científico —de cuál red neuronal se activa o no— me apasionó el componente comportamental.

Decidí complementar mis estudios de finanzas y economía con algo más humano: filosofía y, sobre todo, psicología. Conocí esa nueva dimensión emocional de la economía. El camino de la psique humana...

¿Por qué tomamos las decisiones que tomamos?

Ese camino me ha llevado a conocerme profundamente. A entender que las finanzas se mueven más en el campo de las humanidades que en el de las ciencias. Ver las creencias heredadas que limitaban mi potencial económico. El impacto de lo que aprendí en mi familia, en mi religión, en la sociedad... en lo que hoy llamamos epigenética.

Conocerme ha sido un viaje. Un viaje que me llevó de estudiar finanzas y economía, a estudiar terapia Gestalt, constelaciones familiares, bioenergética y otros mundos del conocimiento y la experiencia humana que nunca imaginé transitar. Y algo en mí empezó a revelarme que ganar dinero tiene más que ver con un arte que con una ciencia. Un arte irrefutable: el arte de crear valor.

Tercera dimensión: el espíritu

Pero para crear valor, se necesita algo que no está en los libros de finanzas. Se necesita una fuerza sobrenatural para lidiar con la incertidumbre de la vida, para sanar ese maremágnum de emociones que descubrí a través de la psicología y la terapia. Una fuerza que me lleve a asumir con entusiasmo el futuro incierto, y a tomar decisiones con firmeza. Se necesita algo mayor. Más significativo...

Todo este camino que te he contado me fue llevando, inevitablemente, de regreso a un lugar que siempre ha estado en mí, pero que había apartado soberbiamente una y otra vez: Mi dimensión espiritual.

Encontrar esa fuerza sobrenatural es darle sentido a la vida y rendirse a un propósito superior. Es encender el fuego en el corazón y tomar decisiones sabiendo que lo que haces cumple una función mayor a ti mismo. Que el amor y el servicio son los objetivos supremos de nuestra actividad. Y que el dinero no es más que una herramienta para hacernos la vida más llevadera, mientras en el camino vamos comprendiendo cosas más grandes.

No hay nada más espiritual que esta dimensión material.

La verdadera alquimia radica en convertir energía en materia y materia en energía, en un ciclo infinito que no alcanzamos a comprender con nuestra limitada racionalidad. No se puede crear materia sin energía. Si no creemos que dentro de nosotros radica todo el bienestar y la abundancia, si no vamos a la vida con entusiasmo, en-theos, con Dios dentro, no podremos generar alquimia. No podremos materializar en abundancia nuestra actividad. Solo sobreviviremos... o, lo que es más triste, el dinero llegará fácil y se irá fácil. No se trata solo de conseguir, sino de sostener y disfrutar plenamente.

La integración

La dimensión emocional, donde sanas tus heridas, confrontas tus miedos, sueltas ataduras, pasas del reclamo y la angustia a ver la vida con nuevos ojos. Donde saboreas el presente y elevas tus niveles energéticos. Donde identificas las emociones que desencadena el dinero, tanto en la escasez como en la abundancia, y aprendes a no dejarte arrastrar por ellas.

La dimensión espiritual, donde te rindes a algo superior, a un Misterio Sagrado. Donde decides darle sentido a tu existencia y enciendes el fuego en tu corazón. Vas a la vida con entusiasmo y te conviertes tú en el maestro del dinero —no al revés—, poniéndolo en su lugar como instrumento al servicio de un propósito mayor.

Y la dimensión mental, donde analizas con lógica, te conoces, defines objetivos y estrategias racionales. Donde asumes riesgos calculados y construyes un patrimonio sólido que respalde la función que viniste a cumplir en esta vida.

Las tres dimensiones: emocional, espiritual y racional, hacen de nosotros personas completas, o si prefieres el término económico: "agentes económicos completos". Personas que crean bienes y servicios que agregan valor a la sociedad, la cual agradece complacida entregándonos su dinero: la representación de su propio valor creado.

Integrar estas dimensiones significa alinear lo que piensas, lo que sientes y lo que crees con tus decisiones financieras. Es reconocer que el dinero no solo se administra desde la cabeza, sino también desde el corazón y el espíritu. Cuando tus conocimientos, pensamientos y emociones están en armonía, el dinero deja de ser una fuente de conflicto y se convierte en una herramienta de creación.

Hoy hablo de Finanzas Transpersonales. Unas finanzas donde somos seres integrales, entendemos el sentido del dinero como medio para algo mayor, reconocemos nuestras emociones sin que nos abrumen, integramos lo espiritual a lo humano y fluimos con la vida en un presente consciente, con un actuar responsable.

Por eso, integrar estas dimensiones es más importante que cualquier técnica o estrategia por sí sola. Porque el dinero no fluye hacia donde hay más conocimiento, sino hacia donde hay más claridad, confianza y entrega al propósito de la acción presente.

Sin una base sólida en estas tres dimensiones, las mejores inversiones pueden convertirse en una fuente de frustración, no de abundancia. Cuando identificas e integras estas dimensiones, no solo cambian tus resultados financieros. Cambia tu manera de tomar decisiones, de relacionarte con los demás y de disfrutar lo que tienes.

El dinero deja de ser preocupación para convertirse en herramienta de creación consciente, alineada con lo que realmente importa en tu vida. Logras la verdadera maestría del dinero: Te conviertes en su amo, no en su esclavo. Y el dinero queda a tu servicio... para crear valor a la sociedad con eso que te apasiona. No importa dónde estés hoy, no importa la edad que tengas, no importa la forma en como presentes dicho valor.

Integrar estas dimensiones no depende de tu punto de partida, sino de tu disposición a cambiar. Si estás dispuesto a mirar más allá de los números, a trabajar en lo que realmente importa, puedes lograr resultados que ni siquiera imaginas ahora. Ahora que conoces el poder de estas tres dimensiones y cómo pueden transformar tu relación con el dinero y con tu vida, quiero invitarte a dar el primer paso.

Recuerda: el dinero es una herramienta al servicio de un propósito mayor, un propósito presente, coherente con el sentido que has decidido darle a tu vida.

EL NUEVO TERRITORIO

Si el mapa que nos entregaron nuestros padres quedó obsoleto y el territorio ha cambiado de forma tan drástica, la pregunta que surge inevitablemente mientras miramos el fondo de nuestro café es: ¿cuál es el nuevo terreno que pisamos? La tecnología que nos arrebató la seguridad del empleo corporativo tradicional es, paradójicamente, la misma que nos entrega hoy las llaves de nuestra libertad. Cuando el sistema te expulsa por la puerta de atrás, te empuja directamente hacia un ecosistema diseñado para quienes deciden dejar de pedir permiso.

Ese nuevo ecosistema tiene pilares muy claros. No son conceptos abstractos de Silicon Valley, son las realidades económicas que hoy permiten que miles de personas de nuestra generación estén financiando su propia longevidad sin tener que agachar la cabeza ante un jefe de recursos humanos que tiene la mitad de sus años.

La Economía Participativa: el poder de la multitud

En el viejo modelo del siglo XX, si tenías una idea brillante, el camino solía ser frustrante y humillante: debías ponerte el traje, hacer antesala en la oficina de un banco o rogarle a una junta directiva corporativa que validara tu visión y te prestara el capital. El poder era absolutamente vertical, unos pocos "guardianes" decidían qué proyectos veían la luz y cuáles morían en un cajón. La Economía Participativa llegó para demoler ese monopolio. Hoy, el capital, la validación y la creación ya no provienen de un comité cerrado, sino de la red misma.

Hablamos del crowdfunding, del crowdsourcing y de la co-creación, de un ecosistema donde es la comunidad, la multitud, quien decide qué se financia y qué se construye. Pasamos de un sistema dictatorial del capital a uno donde un profesional de cincuenta años, con una buena propuesta, puede validar su modelo de negocio y obtener recursos directamente de las personas que van a consumir su producto. Ya no necesitamos pedirle permiso al sistema financiero tradicional, el poder de hacer que las cosas sucedan se ha descentralizado, permitiéndonos colaborar e invertir de manera horizontal, de tú a tú.

La Economía Colaborativa: el acceso por encima de la propiedad

En el viejo paradigma, el éxito se medía por lo que poseías: la casa, el carro, la oficina, el título colgado en la pared. La Economía Colaborativa llegó para cuestionar el absurdo de la propiedad estática. ¿Para qué ser dueño de una pesada infraestructura corporativa si puedes alquilarla por horas? ¿Para qué contratar a veinte empleados fijos si puedes colaborar con talento global bajo demanda?

Este fenómeno, que popularizaron empresas de transporte y alojamiento, va mucho más allá de compartir un viaje. Se trata de una filosofía de optimización de recursos que nos libera de las cadenas de los costos fijos. Hoy podemos ensamblar equipos de trabajo líquidos, contratar especialistas al otro lado del mundo para proyectos puntuales y compartir herramientas de altísimo nivel sin tener que comprarlas. La Economía Colaborativa nos enseña que el poder ya no está en acaparar, sino en conectar. Nos permite operar con la fuerza de una multinacional, pero con la agilidad y el bajo costo de un individuo.

La Economía Digital: la desmaterialización del valor

Durante siglos, el valor económico estuvo atado a la materia. Si querías crear riqueza, necesitabas una fábrica, máquinas de vapor, kilómetros de tela, acero o grandes extensiones de tierra. La barrera de entrada para jugar el juego del capital era inmensa y estaba reservada para unos pocos. Sin embargo, la Economía Digital cambió la física del dinero.

Hoy, el valor se ha desmaterializado.

Ya no necesitas construir una bodega de 5.000 metros cuadrados para instalar pesadas y costosas maquinarias, ni tener una flota de camiones para generar impacto y riqueza. El mercado ahora es global, invisible y opera a la velocidad de la luz. Internet democratizó los medios de producción, mi Olivetti fue reemplazada por un computador portátil y una conexión a la red, que es todo lo que necesito para acceder a miles de millones de personas. En esta economía, el activo más valioso no es el acero sino la atención, los datos y la capacidad de resolver problemas específicos a través de pantallas. El mundo entero es tu mercado, y la infraestructura pesada ya no es un requisito sino un lastre del pasado.

La Economía de los Creadores: de espectadores pasivos a dueños de nuestra obra

Recordemos esos días en los que nos sentábamos frente al televisor de perilla con sus dos canales nacionales. Éramos, por definición del sistema, simples consumidores pasivos. Nos decían qué ver, qué comprar y, en última instancia, en qué pensar. La Economía de los Creadores rompió ese canal unidireccional y nos invitó a cruzar la pantalla.

Hoy, el flujo de la riqueza ya no solo exige manos que operen, sino voces que guíen. Esta economía nos permite monetizar nuestro activo más invaluable: nuestra experiencia acumulada. Esos veinte o treinta años de carrera, de caídas, de negociaciones y de aprendizajes reales, hoy son oro puro. Ya no dependemos de que un canal de televisión nos dé un espacio, o de que una editorial apruebe un manuscrito para validar nuestro conocimiento, las plataformas tecnológicas actuales nos permiten empaquetar nuestro saber y entregarlo directamente a quien lo necesita. Si tienes un conocimiento que soluciona un dolor específico en el mercado, hoy puedes convertirlo en un producto digital, un boletín, una mentoría o una comunidad paga. Pasamos de ser el público que aplaudía en la oscuridad, a ser los directores, productores y dueños absolutos de nuestra propia obra.

Yo soy prueba de todo esto. Este libro no pasó por el filtro de ninguna editorial multinacional. No pedí permiso. No ajusté mi mensaje para encajar en ningún molde comercial. Lo escribí desde lo que soy, con las herramientas que la Economía Digital pone hoy al alcance de cualquiera que tenga algo genuino que decir. Y tú estás leyéndolo, lo cual significa que el modelo funciona. La Economía de Creadores no es teoría. Es la realidad que ya habito, y que tú puedes habitar también.

La Marca Personal: tu nombre es tu mayor activo

Acéptalo: la hoja de vida ha muerto. Ese documento rígido, suplicante, diseñado para encajar en el molde que alguna empresa corporativa decidió que necesitabas cumplir, es el símbolo definitivo de la sumisión laboral. En este nuevo territorio, la hoja de vida ha sido aplastada por el peso de la Marca Personal.

Cuando la inteligencia artificial y los algoritmos de Silicon Valley automaticen casi todas las habilidades técnicas, lo único que no podrán replicar es tu humanidad. Tu historia, tus cicatrices, tus fracasos, tu criterio ético y tu manera única de ver el mundo se convierten en tu principal ventaja competitiva. La Marca Personal no es tomarse fotos bonitas para Instagram, ni posar con discursos redactados por ChatGPT y leídos en un teleprompter de manera hábil pero inevitablemente dejando ver su naturaleza sintética, no auténtica. Es la gestión consciente de tu reputación en el ecosistema digital. Es dejar de ser el "Gerente de Proyectos de la Empresa X" para convertirte en ti mismo: una autoridad reconocida en tu nicho. Si las empresas ya no te garantizan seguridad, tu reputación, tu voz y la comunidad que construyas alrededor de tu nombre serán el seguro de vida más sólido que puedas forjar para las próximas cuatro décadas.

Solopreneurship: la revolución de la empresa de uno

La síntesis de todo lo anterior tiene la potente posibilidad de desembocar en un modelo fascinante que desafía toda la lógica de la Revolución Industrial: el de Solopreneurship, el emprendimiento en solitario. Durante mucho tiempo, la palabra "empresario" evocaba la imagen de un señor de traje lidiando con nóminas gigantescas, sindicatos, oficinas y estrés crónico.

El solopreneur es una especie distinta, una mutación adaptativa espectacular.Es un individuo que decide construir un negocio altamente rentable y escalable sin la intención de contratar empleados tradicionales. Es el profesional que, armado con su Marca Personal, navegando en la Economía Digital, utilizando el talento global de la Economía Colaborativa y apalancando brutalmente en la inteligencia artificial, logra facturar lo mismo que una empresa pero manteniendo una estructura de costos ínfima.

El solopreneur no busca crear un imperio burocrático, busca diseñar un estilo de vida libre, soberano y próspero. Es la respuesta definitiva al miedo de quedarse sin trabajo corporativo. Al convertirte en una empresa de uno, dejas de mendigar un salario al statu quo y te conviertes en el arquitecto de tus propios ingresos.

La mesa está servida. Las reglas han cambiado a nuestro favor, pero requieren que soltemos las viejas certezas. Abrazar estos fenómenos no es una moda, es la única estrategia de supervivencia y expansión para quienes pretendemos que nuestra vida después de las 5 de la tarde, y después de los 50 años, sea una obra maestra de libertad y no una eterna sala de espera hacia el mito urbano de la pensión.

PARTE III
GESTIÓN PATRIMONIAL CONSCIENTE

Genera ingresos siempre

EL MODELO 3D

La transición desde la neurosis del dinero hacia el poder financiero, es un proceso alquímico, y como vimos en el capítulo anterior, cualquier proceso de transformación es imposible sin fuego. Eso lo ha sabido el hombre desde hace milenios. Hoy necesitamos la intervención de una fuerza superior, requerimos de ese fuego al que reconocimos como motivación. Sin fuego no hay luz, sin luz no hay claridad, sin fuego no hay transformación, sin fuego no hay energía. Un proceso, cualquiera que este sea, necesita fundamentalmente una razón. La motivación es el comienzo de todo. Es ese fuego en el corazón que nos mueve a la acción.

Ahora bien, teniendo esto claro, es necesario, traer esa comprensión a un plano material, científico, racional, en donde se pueda estructurar un proceso que contenga una serie de elementos, o de componentes lógicos que lleven a la acción buscando dicha transformación. Estos elementos, o componentes me he permitido enmarcarlos en el Modelo 3D que te quiero presentar en las siguientes líneas.

Tres procesos que podrían subdividirse en muchos más de acuerdo a la realidad y la experiencia de cada persona. Sin embargo, me he tomado el atrevimiento de plantearlos de manera amplia de la siguiente manera: Primero la capacidad de comprender la propia realidad con honestidad, al ubicarse en el momento presente, el único lugar donde se puede redefinir la dirección con claridad y entender los recursos con que se cuenta. Segundo, la creación estratégica de una nueva arquitectura económica. Y finalmente la disciplina de implementarla.

El Modelo 3D se puede entender como un proceso vivo que se recorre en tres movimientos sucesivos y continuos, repitiendose constantemente desde los nuevos aprendizajes y entendimientos que se van dando en el camino, describiendo un espiral, que da vueltas sobre un mismo centro, pero en diferentes niveles.

De esta manera podemos observar tres etapas: Dimensionamiento, Diseño y Desarrollo. Cada movimiento tiene su propia lógica, sus propias herramientas y su propia justificación. Juntos constituyen, para mí, la arquitectura completa de una vida financiera consciente, soberana y sostenida durante los próximos cincuenta o más años.

Dimensionamiento

El primer movimiento es el Dimensionamiento. Dimensionar hace referencia a un entendimiento profundo del lugar que se está habitando en el preciso momento. Que tan grande es, que forma tiene, que tamaño tiene, establecer las medidas y calcular los parámetros, determinar la magnitud de una situación.

Dimensionar nuestra situación patrimonial tiene que ver con un entendimiento claro de cómo he manejado las finanzas hasta ahora, cuál ha sido la relación que he sostenido con el dinero y mi capacidad de generar valor a la sociedad, hacia dónde quiero dirigir mis esfuerzos de trabajo y de asignación de capital, como quiero explotar al máximo mi capacidad productiva, y que tipo de vida quiero vivir.

El lugar en que me encuentro claramente, implica reconocer mi situación actual, el lugar a dónde quiero ir, puede entenderse como mis objetivos y las metas para conseguirlos, y las herramientas con que cuento hacen referencia a los factores productivos actuales que puedo usar para ir de A a B. Es por esto que el Dimensionamiento puede también desagregarse en tres pasos: Dónde estoy (Diagnóstico), Dónde quiero estar, y cuáles son las razones que me mueven en esa dirección (Discernimiento), y qué es lo que debo hacer, para llegar a ese lugar o conseguir eso que me propongo (Decisión) .

El Diagnóstico: saber dónde estás

La persona observa con honestidad su situación patrimonial. Reconoce sus recursos disponibles, evalúa la estructura de su economía personal. La revisión total de su patrimonio cómo lo hemos presentado, y con igual rigor, la motivación que orienta sus decisiones. ¿Sus acciones están impulsadas por el miedo a la escasez o por el amor y el deseo de evolución y servicio?

Este proceso de observación profunda permite reconocer tanto las fortalezas como las distorsiones que han moldeado la relación personal con el dinero. No es un ejercicio de culpa ni de lamento. Es un acto de lucidez. La realidad, por incómoda que sea, solo puede transformarse cuando se mira de frente.

Pero el diagnóstico no termina en los números. El Capital Humano, ese cazador que eres tú, también necesita ser evaluado con honestidad. ¿En qué estado está tu Capital Productivo? ¿Qué habilidades tienes, qué experiencia acumulada, qué problemas puedes resolver mejor que nadie? ¿Cómo está tu Capital Erótico, esa energía vital que sostiene toda acción,? ¿Y tu Capital Evolutivo, esa capacidad de aprender, adaptarte y crecer frente al cambio,? Un diagnóstico patrimonial que solo mira la cuenta bancaria y olvida al cazador es un diagnóstico incompleto.

Una vez que sabes dónde estás, la pregunta que debería seguir es la que pareciera ser la más importante de todo el proceso: ¿hacia dónde quieres ir? Y aquí cometemos un error frecuente, respondemos con logros materiales: "Quiero una casa más grande", "Quiero la mejor educación para mis hijos" "Quiero viajar por el mundo". O escogemos una respuesta más cómoda, que no nos comprometa, ni nos conflictúe y respondemos simplemente con cifras: "Quiero tener un millón de dólares." "Quiero ganar diez mil dólares al mes" O respondemos con ideales, sin realmente entender bien que es lo que significan: "Quiero felicidad", "quiero tranquilidad".

Antes de comprometerse con un "Qué" (Casa, millón de dólares, felicidad...), es fundamental entender el "Por qué o para qué". Antes de diseñar cualquier estrategia financiera, hay que revisar cual es la motivación que me impulsa hacia ese "Qué", y reconocerla desde la consciencia, para de esa manera habitarla en su totalidad y empezar a tomar decisiones fundamentadas y que vengan desde adentro hacia afuera y no de afuera hacia adentro, es decir que sean producto de un proceso de consciencia y no de la narcotización social. Esa revisión profunda de lo que nos motiva es lo que podemos encontrar en el discernimiento.

Vivir 100 años no tiene por que ser una condena. Si estás leyendo este libro y llegaste hasta acá, es porque seguramente estás cerca a la mitad de la vida y te das cuenta de que algo debe cambiar, que no puedes seguir viviendo de la misma manera que lo haz hecho, o tal vez eres una alma que está avanzando en un camino consciente superior frente al papel del dinero en tu vida y te estás planteando un cambio de paradigma interior del sentido de tu existencia. Has hecho mucho, has ganado y has perdido. Tienes experiencia y empiezas a ver lo que realmente importa para ti. Ya no te deslumbras con oropeles banales y buscas ese sentido mayor que le puedas dar a tu vida. Vivir una vida con sentido, encender el fuego en tu corazón. "Vivir una vida sin exámen, no merece la pena ser vivida" según Sócrates, y hoy ese examen implica no sólo el "cómo" sino fundamentalmente el "para qué". En esa charla filosófica encajan entonces las palabras de Nietzsche: "Quién tiene un porqué para vivir, puede soportar cualquier cómo"

Discernimiento

Hay una pregunta más profunda que no puede eludirse: ¿Para que quieres eso que dices que quieres? O mejor formulado desde otro ángulo, pasando por encima del simple ¿Qué? al poderoso ¿Para qué?. ¿Cuál es el sentido le has dado a tu existencia? No el sentido que la sociedad te sugirió, ni el que heredaste sin cuestionarlo. El tuyo. El que nace de una elección consciente y responsable. No te asustes si todavía no lo has hecho, si simplemente vas por la vida con unos "deberías" heredados, "deberías tener", "deberías hacer", "deberías ser".

Durante mucho tiempo hemos sido educados en la idea de que el sentido debe "aparecer", que debemos "descubrir nuestra vocación" o "encontrar nuestro propósito" como quien encuentra un objeto perdido. Sin embargo, esta forma de plantearlo contiene un riesgo sutil: nos sitúa en una posición pasiva frente a la dirección de nuestra existencia. Esperamos claridad antes de comprometernos, certeza antes de actuar, inspiración antes de decidir. Mientras tanto, la vida transcurre guiada por inercias sociales, expectativas familiares y dinámicas económicas que rara vez cuestionamos en profundidad.

La realidad es más exigente.

El sentido no se encuentra. El sentido se decide.

Incluso el sinsentido es una forma de sentido. Decidir no decidir también es decidir. Permitir que el entorno, el mercado o el miedo definan nuestras prioridades es, en sí mismo, una elección. La neutralidad no existe. Cada acción, cada omisión, cada postergación configura una dirección.

Esta afirmación tiene consecuencias profundas en el ámbito financiero. Si no elegimos conscientemente el sentido que orienta nuestra existencia, el dinero ocupará ese lugar por defecto. No porque sea perverso, sino porque es un organizador poderoso de la conducta humana. Sin una decisión explícita sobre lo que consideramos valioso en último término, es fácil que el crecimiento patrimonial se convierta en el fin implícito. Y cuando el dinero ocupa el lugar del fin, deja de ser instrumento y se transforma en criterio de significado.

Elegir el sentido implica formular una pregunta incómoda y definitiva: ¿hacia qué quiero orientar mi vida? No se trata de diseñar un plan detallado para los próximos veinte años, sino de definir un horizonte que dé coherencia a las decisiones presentes. Este horizonte puede estar vinculado al servicio, al desarrollo de capacidades, a la creación de valor, a la contribución social, a la expansión espiritual o a la integración de múltiples dimensiones, no descarto que para alguien, pueda estar vinculado a conseguir poder o reconocimiento. Lo esencial es que sea una elección asumida, una decisión que venga de una clara consciencia, no una herencia neurótica inconsciente.

Cuando se decide el sentido que le queremos dar a nuestra existencia más allá del dinero, la motivación cambia de naturaleza. La persona no se mueve exclusivamente para evitar la carencia o conseguir la opulencia, sino para encarnar dicha dirección decidida. Así pues, inevitablemente se transforma también la experiencia del "fracaso" y del "éxito". Si el sentido depende exclusivamente de los resultados económicos, cualquier pérdida se vive como amenaza existencial. En cambio, cuando el sentido ha sido decidido más allá de la cifra, los resultados se integran como parte del proceso. El dinero se convierte en un medio que puede facilitar o dificultar el camino, tanto por su ausencia como por su presencia, pero no define su legitimidad.

Esto introduce una forma de libertad que va más allá de la "libertad financiera" cómo nos la presentan culebreros y vendedores de humo: la libertad interior frente al hechizo del dinero. Poder elegir la riqueza si está al servicio del sentido que he decidido darle a mi existencia, y poder renunciar a ella si lo contradice. Poder asumir proyectos rentables cuando están alineados, y declinar oportunidades lucrativas cuando comprometen la coherencia. Esta libertad interior es, en el fondo, la verdadera libertad financiera, porque no depende exclusivamente de la cantidad acumulada, sino de la capacidad de ordenar el dinero según el sentido que libre y conscientemente he decidido darle a mi vida.

Soy yo quien gobierna mis decisiones, no el dinero. Soy yo quién decide que necesito en este momento, y cómo busco conseguirlo. Eso es verdadera libertad.

Discernir no solo implica esa decisión de sentido, sino también las pequeñas elecciones que tomamos para encaminarnos hacia él, viviendo nuestra realidad presente de manera consciente y responsable, y a la vez disfrutando del camino mismo. Porque al final, Dios nos dió un ser humano a cargo, sólo uno: Nosotros mismos, y de nosotros depende cuidar a ese ser en ese viaje, no solo que consiga lo que se ha propuesto, sino que su vida se constituya en una experiencia más amable para sí y los próximos a él. La vida como lo dijo Steven Tyler, vocalista de Aerosmith, "es un viaje, no un destino", un viaje con sentido, y para encarnar ese sentido es necesario estar presentes, habitar una presencia en dónde siempre tenemos la posibilidad de elegir entre el dolor o el amor, elegir que tipo de experiencia presente deseamos tener, partiendo del tipo de pensamiento que elegimos atender y que puede encarnarse en una realidad que agrede o que conforta. De esa elección dependerá que calidad de vida que terminemos habitando, una acosada por la interminable angustia del inalcanzable deseo, o una de aceptación y agradecimiento por la dicha de lo simple siempre presente.

La calidad de vida es un concepto profundamente subjetivo. Para ti puede significar una cabaña en la montaña con buena conexión a internet, para otro, una suite en el Plaza en Nueva York con room service ilimitado, tal vez calidad de vida sea la libertad de viajar sin pedir permiso, tener tiempo ilimitado para estar con los hijos, o tener la capacidad de trabajar nómada por el mundo en eco hoteles cinco estrellas en TripAdvisor. No hay una respuesta correcta. Pero hay una certeza universal: en el fondo, todos buscamos lo mismo: Felicidad. Más allá de los estereotipos azucarados del término, habita dentro de nosotros una claridad que esa felicidad antes que referirse a una constante liberación dopamínica de placer hedónico, hace referencia a una tranquilidad interior habitada plenamente, en dónde se trasciende el sufrimiento y se habita plenamente el tan elaborado en estos párrafos, Sentido de Vida.

El psicólogo Abraham Maslow estructuró las necesidades humanas en una pirámide que va de lo básico, comer, dormir, tener un techo, hasta la cúspide de la autorrealización: el propósito, el sentido y la trascendencia. El drama de nuestra Generación X es haber pasado treinta años atrapados en la base, confundiendo la supervivencia con el éxito. Trabajamos desde la neurosis, creyendo que asegurar la hipoteca y no perder el seguro médico era todo lo que la vida podía ofrecernos.

Pero hoy, al entrar en la segunda mitad de la vida, la verdadera calidad de vida consiste en apuntar a la cúspide. Las preguntas que importan ya no son las de la base, son las de la cima. ¿Qué le da sentido a mis días? ¿Con quién quiero rodearme ahora que ya no tengo que tolerar la política de una oficina corporativa? ¿Qué relaciones nutren mi energía y cuáles la drenan? ¿Quiero dejar un legado, servir a una comunidad, o simplemente la libertad absoluta de disponer de mi tiempo?

Tus finanzas deben estar diseñadas para financiar estas respuestas. No las expectativas de la sociedad. No la imagen que proyectas en LinkedIn. Las tuyas.

El discernimiento también exige definir el vehículo concreto que llevará esa vida al mundo todos los días, la Actividad Económica Ideal. Todos quisiéramos trabajar en algo que amamos profundamente, algo que nos permita realizarnos y al mismo tiempo generar riqueza. En el viejo paradigma esto era considerado una utopía de los soñadores. En la era del Solopreneurship y la Economía de Creadores, es un requisito de supervivencia.

El discernimiento, en última instancia, no es solo saber qué quieres, sino poder ver claramente cuáles son las motivaciones que te permitan actuar coherentemente hacia el sentido que le has dado a tu propia vida

La Decisión: el umbral que lo cambia todo

Muchos son los caminos que llevan a Roma, pero tu momento es único, es presente y es aquí y ahora. Decidir es tener la capacidad de asumir con responsabilidad las consecuencias de tus acciones, es tener la capacidad de dirigirlas hacia ese sentido mayor que he elegido, y sobre todo es saber a qué estás dispuesto a renunciar para vivirlo. No hay dirección sin exclusión. El costo de oportunidad no es solo un término económico, es la vida que dejamos de vivir por vivir la que elegimos. Quien no está dispuesto a soltar su antigua identidad o su necesidad de validación no podrá sostener una vida verdaderamente suya.

El Dimensionamiento no termina en el diagnóstico ni en el discernimiento. Termina en un acto de voluntad, la decisión de asumir la responsabilidad total sobre la dirección de la propia vida financiera. No mañana. No cuando las condiciones sean perfectas. Ahora.

Diagnosticar sin decidir es lucidez estéril. Discernir sin decidir es sabiduría paralizada. La decisión es el momento donde todo lo anterior se convierte en movimiento real, donde el mapa deja de ser un ejercicio intelectual y se convierte en un camino que se empieza a caminar con los pies en la tierra.

Es el instante en que la persona deja de vivir bajo la inercia del miedo, el Zombie que ejecuta sin cuestionarse, el Estratega que controla sin propósito, y comienza a dirigir su energía económica de manera deliberada. Es el instante en que se cruza el umbral hacia una consciencia mayor.

No hay vuelta atrás. Pero tampoco hace falta.

Diseño

Una vez que sabes dónde estás y decides el destino que quieres construir, el siguiente movimiento es definir las estrategias concretas que harán posible esa transición. Aquí entra en juego la creatividad, no como adorno sino como la capacidad más profunda del ser humano: la facultad de generar valor donde antes no existía, de imaginar una arquitectura de vida que aún no existe y darle forma en el mundo real.

El Diseño no es un presupuesto ni una hoja de cálculo con proyecciones que nadie vuelve a mirar. Es la expresión creativa de tu libertad, el conjunto de decisiones estructurales que conectan el punto donde estás con el punto donde quieres estar. Y como toda obra de creación, requiere tanto rigor como imaginación. Tanto disciplina como vuelo.

Diseñar tu arquitectura patrimonial es, en el fondo, el acto más creativo que puedes realizar en la segunda mitad de tu vida. Porque no estás siguiendo un manual. Estás inventando el sistema que sostendrá tu existencia durante los próximos cincuenta años. Nadie más puede hacerlo por ti. Nadie más conoce la combinación exacta de tu Capital Humano, tus sueños, tus miedos superados y tu visión de una vida bien vivida.

Ahora bien, es importante decir algo con claridad antes de entrar en materia: la Gestión Patrimonial Consciente es un universo amplio. Dentro de ese universo existen docenas de estrategias legítimas y poderosas, cada una con su propia lógica, su propio horizonte de tiempo y su propio perfil de riesgo. Está la optimización patrimonial, que busca hacer más eficiente lo que ya tienes. Está la capitalización, que se enfoca en hacer crecer el principal a través de la reinversión disciplinada. Está la reestructuración, que reorganiza los activos y los pasivos para mejorar la salud financiera general. Está la valorización, orientada a aumentar el valor de los activos en el largo plazo. Está la preservación, diseñada para proteger lo construido frente a la inflación, los ciclos del mercado y los eventos imprevistos. Está la transferencia patrimonial, que planifica cómo el patrimonio pasa de una generación a la siguiente de manera eficiente y con intención. Y están la especulación, la desacumulación, la renta y muchas otras estrategias que la creatividad y las circunstancias de cada persona pueden requerir en distintos momentos del camino.

Este libro no pretende agotar ese universo. Hacerlo requeriría varios volúmenes y, más importante aún, requeriría conocer tu situación específica con la profundidad que solo un proceso de acompañamiento personalizado puede ofrecer. Lo que este libro sí pretende, y en lo que se enfoca con toda su energía, es generar consciencia profunda sobre una de las decisiones más determinantes de toda la arquitectura patrimonial: la generación de ingresos.

Cómo se estructuran, de dónde vienen, qué los sostiene en el tiempo y cómo se diseña un ecosistema que los mantenga fluyendo siempre, independientemente de la edad, la salud o las condiciones del mercado. Esa es la conversación que importa en la etapa de Diseño para una vida de 100 años, tranquila, próspera y abundante. Y para tenerla con honestidad, primero hay que demoler una mentira que ha hecho más daño financiero que todas las crisis de mercado juntas.

La mentira más cara de la historia financiera

Existen dos palabras, que combinadas han llenado los bolsillos de miles de gurús del dinero y ha vaciado los sueños de millones de personas que creyeron en ella. Una combinación de un sustantivo más un adjetivo gramaticalmente correcta y que para los oídos de incautos suena razonable, que se siente como una promesa de liberación y que, examinada con el rigor honesto de más de 30 años estudiando finanzas, con la experiencia de campo de reuniones con más de 2000 personas para hablar de finanzas personales durante más de 20 años, puedo decir hoy, con total convicción que es la mentira más cara de la historia financiera

La frase que nace de la combinación de estas palabras es: "Ingresos pasivos".

Pero antes de demolerla, hagamos un viaje.

Cuando los conquistadores españoles llegaron a tierras

americanas en el siglo XVI, traían consigo una leyenda que los consumía por dentro con la ferocidad silenciosa de una fiebre. Hablaban de El Dorado: una ciudad fabulosa, escondida en algún lugar entre las selvas y las cordilleras, donde las calles estaban pavimentadas de oro y los techos brillaban bajo el sol como si el cielo mismo hubiera decidido instalarse en la tierra. Un lugar donde la riqueza no se ganaba, no se construía, no se sudaba. Simplemente existía, esperando al afortunado que supiera encontrarla.

Murieron miles buscándola. Se destruyeron civilizaciones enteras tratando conquistarla. Se navegaron ríos imposibles, se cruzaron selvas que devoraban hombres, se fundaron y abandonaron colonias enteras guiadas por ese rumor que siempre venía de alguien que había escuchado de alguien que había visto, desde lejos, un destello dorado en el horizonte.

El Dorado nunca existió.

Pero la leyenda sí. Y lo más fascinante de las leyendas es que no necesitan ser verdad para ser poderosas. Necesitan ser deseables. Y nada es más deseable para el ser humano que la promesa de riqueza sin esfuerzo, de abundancia sin riesgo, de libertad sin el precio de la disciplina.

Hoy, esa misma leyenda vive con otro nombre. Ya no se llama El Dorado. Se llama "ingresos pasivos". Y como sus antecesores los conquistadores, millones de personas de nuestra generación y al parecer con mayor fervor de las generaciones que nos sucedieron, la persiguen con la misma mezcla de esperanza genuina y negación voluntaria de la realidad. Compran cursos que prometen libertad financiera en noventa días. Siguen a influenciadores que exhiben estilos de vida lujosos sin explicar jamás el trabajo invisible que los sostiene. Invierten en esquemas que suenan demasiado bien para ser verdad porque, en el fondo, quieren creer que esta vez sí es verdad.

La promesa es siempre la misma: en algún lugar, existe un sistema que genera dinero solo, sin que tengas que hacer nada, sin que tengas que pensar en él, sin que tengas que dedicarle tiempo ni atención. Solo tienes que encontrarlo, activarlo, y el resto se resuelve solo mientras tú duermes, viajas o disfrutas de la vida.

Esa ciudad no existe. Nunca existió. Ese tipo de generación de ingresos no existe. Nunca ha existido.

Lo que sí existe, y esto es lo que vamos a construir juntos, es algo completamente diferente y completamente real: un ecosistema de ingresos donde algunos flujos requieren de ti de manera intensa y constante, y otros requieren de ti de manera periódica y ligera. La diferencia no está entre lo que es activo y lo que es pasivo. La diferencia está entre la alta gestión y la baja gestión. Y entender esa distinción es el primer paso para diseñar una arquitectura financiera que funcione en el mundo real, no en la leyenda.

Alta gestión y baja gestión: la distinción que lo cambia todo

Todo ingreso que existe en el mundo real requiere de tu Capital Humano en alguna medida. La pregunta no es si lo requiere, sino cuánto y de qué manera.

Los ingresos de alta gestión son aquellos que demandan el uso pleno de tu Capital Humano: tu tiempo, tu energía, tu presencia, tu criterio y tu esfuerzo directo. Son los ingresos que se detienen cuando tú te detienes. Si no trabajas, no llegan. No porque el trabajo sea una condena, ya hemos visto que cuando está alineado con el propósito es la expresión más alta del ser humano, sino porque su motor eres tú, y solo tú. Tu salario, tus honorarios profesionales, los ingresos de un negocio que depende de tu presencia constante: todos son ingresos de alta gestión. Son la forma más directa y más segura de convertir tu energía en dinero, especialmente en las etapas tempranas de la vida cuando el Capital Financiero todavía es pequeño y el Capital Humano es el activo más valioso que tienes.

Los ingresos de baja gestión, en cambio, son aquellos que se apoyan en sistemas, contratos, instituciones y activos que trabajan con una lógica propia, sin requerir tu presencia constante. Una propiedad arrendada genera renta mientras el contrato de arrendamiento esté vigente y el inquilino pague. Un portafolio de inversiones genera dividendos e intereses mientras los activos estén bien posicionados. Un derecho de autor genera regalías mientras la obra esté en circulación.

Pero aquí está la clave que la industria de los gurús nunca te dice con honestidad: los ingresos de baja gestión no son ingresos de cero gestión. Todos, sin excepción, requieren de tu Capital Humano en una dosis menor pero irrenunciable.

El arrendatario que deja de pagar requiere que tú tomes una decisión. El portafolio que se descalibra con los movimientos del mercado requiere ser rebalanceado por alguien. La propiedad que necesita mantenimiento requiere supervisión. El negocio que pierde tracción requiere un ojo que lo vea. El contrato que vence requiere renovación. El activo digital que el algoritmo de una plataforma deja de favorecer requiere una respuesta estratégica.

La baja gestión no es ausencia de gestión. Es gestión eficiente, delegada en sistemas y contratos, que libera tu tiempo y tu energía sin eliminar tu responsabilidad como arquitecto de tu propio patrimonio. La diferencia entre el conquistador que persigue El Dorado y el Alquimista que construye su libertad financiera no está en la cantidad de esfuerzo que cada uno invierte. Está en la inteligencia con que ese esfuerzo se distribuye, se delega y se multiplica a través de estructuras que trabajan mientras él descansa.

El objetivo de la Gestión Patrimonial Consciente no es eliminar tu participación en la generación de ingresos. Es evolucionar gradualmente desde un modelo donde todo depende de tu esfuerzo directo hacia uno donde tu Capital Humano supervisa, ajusta y dirige un ecosistema que genera valor con autonomía creciente. No es pasividad. Es maestría.

La verdadera libertad financiera no es la libertad de no hacer nada. Es algo mucho más poderoso y mucho más digno: es la capacidad de generar ingresos siempre y bajo cualquier circunstancia. No porque el dinero trabaje solo, sino porque has construido un ecosistema de fuentes tan diverso y tan robusto que ningún evento aislado, ni una crisis de mercado, ni una enfermedad, ni un cambio tecnológico, ni la vejez, puede apagar todas tus fuentes al mismo tiempo.

Esa es la arquitectura que vamos a diseñar ahora.

Las cuatro fuentes: el ecosistema de ingresos

La primera y más importante decisión creativa del Diseño es estructurar cuatro fuentes de ingreso como un ecosistema integrado. No como fuentes aisladas que operan por separado, sino como un sistema donde cada una cumple una función específica, tiene su propio momento de protagonismo en la vida y todas se complementan para garantizar que los ingresos nunca se detengan. Dos de estas fuentes pertenecen al mundo de la alta gestión. Las otras dos al mundo de la baja gestión. Y como ya hemos visto, todas sin excepción requieren de tu Capital Humano en alguna medida: la diferencia está en la intensidad, no en la ausencia.

La Primera Fuente: el Ingreso Activo

Es el ingreso de alta gestión por excelencia. El dinero que obtienes a cambio de tu tiempo, tus habilidades y tu esfuerzo directo. Es la máxima expresión de tu Capital Humano en acción. Aquí entran tu salario, tus honorarios, tus ventas como solopreneur, tus consultorías o los ingresos de un negocio que requiere tu presencia y tu criterio constante. Es el motor de arranque de todo patrimonio, la base sobre la cual se construye todo lo demás. Nada renta más, con más seguridad, liquidez y velocidad de respuesta, que tu capacidad de transformar tu energía en valor para otros.

Vale hacer consciencia de algo que el viejo paradigma nunca supo decirte con dignidad: el trabajo no es una condena. Es una capacidad divina que se nos ha concedido. "El trabajo dignifica al hombre" no es un eslogan de sindicato, es una verdad profunda que cobra especial peso en una vida de cien años. Pretender existir sin generar valor es una condena a los abismos de la depresión y el sinsentido. El problema nunca fue el trabajo. El problema fue trabajar sin propósito, sin alineación, sin el fuego encendido.

La meta final no es eliminar esta fuente. Es que tu dependencia de ella se reduzca paulatinamente a medida que las otras fuentes maduran y a medida que la vejez comienza a pedir un ritmo diferente. No porque el ingreso activo sea malo, cuando está alineado con el propósito es la mayor expresión creativa del ser humano, sino porque una vida que depende exclusivamente de tu esfuerzo directo es una vida frágil. Si te enfermas, si el mercado cambia, si decides tomarte un año para vivir, el ingreso se detiene. La Gestión Patrimonial Consciente busca que eso deje de ser una amenaza existencial.

La Segunda Fuente: el Rendimiento de los Activos

Quisieran vendernos este tipo de ingreso como uno de baja gestión, y acá es dónde se centran los gurús de los ingresos pasivos. Nada más equivocado. Gestionar un portafolio de inversión requiere mucho compromiso, casi la misma dedicación y el tiempo de administración que le dedicaste a la actividad económica de la cual derivaste los recursos para fondearlo. Es el retorno que generan tus inversiones, propiedades o derechos intelectuales sin que tengas que agotar el capital principal. Es lo que más se aproxima a la idea popular del "dinero trabajando para ti", aunque ya sabemos que ese dinero necesita quien lo cuide, quien tome decisiones sobre él, quien lo reposicione cuando el entorno cambia. La diferencia es que esa gestión no está enmarcada en un "empleo" o en una "profesión" comparada con la actividad de la Primera Fuente: no requiere tu presencia constante, pero sí requiere tu ojo periódico y tu criterio cuando las circunstancias lo demandan. Requiere estar informado, entender el marco jurídico y tributario en el cual se desenvuelven tus inversiones, y el tipo de riesgo que se está asumiendo.

Aquí habitan los dividendos de tus acciones, las rentas de tus inmuebles, los intereses compuestos de tus portafolios y las regalías de tus creaciones en la Economía de los Creadores. Esta fuente es la primera línea de defensa de tu libertad. Su función ideal es cubrir tus gastos básicos de vida sin que tengas que vender la gallina de los huevos de oro, sin que tengas que tocar el capital que la produce. Cuando los rendimientos de tus activos empiezan a financiar tu cotidianidad, algo profundo cambia en tu relación con el dinero: dejas de sentir urgencia. Y sin urgencia, las decisiones financieras se vuelven más sabias, más pacientes, más alineadas con el largo plazo.

La Tercera Fuente: el Flujo Planeado de Capital

Este podría denominarse como ingreso de baja gestión. Aunque parte de un portafolio de inversión, tiene una naturaleza distinta a la Segunda Fuente: mientras la anterior vive de los rendimientos estratégicamente ubicados en el mercado sin tocar el principal pero estando expuesto a valorización o desvalorización del mismo, El Flujo Planeado de Capital consiste en la estructuración de un portafolio muy conservador, muy bien diversificado, con bajo riesgo, alta liquidez y por lo tanto baja rentabilidad, la cual busca proteger el capital y cubrir la inflación mentiras se da el consumo estratégico y programado del capital base mismo. Y es la que más tabúes rompe.

Nos enseñaron, con una mezcla extraña de moralidad y miedo, que consumir el capital era un pecado financiero imperdonable. Que el principal era sagrado e intocable. Que quien vivía de sus ahorros era un irresponsable en camino a la ruina. Esa enseñanza, llevada al extremo, produce otra forma de ruina: la del avaro que muere siendo el más rico del cementerio, habiendo sacrificado décadas de calidad de vida en el altar de un número en una cuenta que nunca se permitió disfrutar.

Una Gestión Patrimonial Consciente entiende que la descapitalización estratégica y programada no es un error. Es una herramienta. La estrategia consiste en determinar una tasa de retiro sostenible, que puede analizarse históricamente entre el 2.5% y el 4% anual del portafolio total, que garantiza matemáticamente que el dinero dure tanto como la vida, sin sacrificar la calidad de ninguno de los dos. Esta fuente completa las rentas y financia la vida en su plenitud durante la Fase de Cosecha. Bien gestionada, y aquí aparece de nuevo la supervisión irrenunciable, pero con menor gestión, asegura que disfrutes el fruto de tu trabajo mientras garantizas que el dinero te alcance hasta el último aliento. No se trata de gastar a lo loco. Se trata de diseñar con inteligencia la curva de consumo de lo que construiste, para que seas tú quien decida cómo y cuándo fluye, y no las circunstancias.

La Cuarta Fuente: la Previsión Social

Finalmente, lo más parecido a un ingreso pasivo, podría ser una pensión dentro del marco de la seguridad social. Claro, dependerá de la estabilidad política y económica de tu país. El ingreso vía la pensión puede ser la baja gestión en su expresión más institucionalizada: un flujo que el sistema genera por ti, respaldado por décadas de aportes y por el marco legal de un Estado Social de Derecho. Seguramente no será generosa, y ya hemos aprendido a no depositar en ella más esperanza de la que merece. Pero existe. La pensión de jubilación es un flujo que llega independientemente de lo que hagas en el día a día. La pensión de jubilación, vitalicia en la mayoría de los sistemas, fundamenta su seguridad en la fe del Estado. Aunque un derecho ganado, rara vez puede ser revocado en un Estado de derecho democrático, la historia universal nos aconseja no depender únicamente de este tipo de ingreso.

Perfecto, eso ya lo tenía calculado. A los 57 el ecosistema completo queda así:

Descapitalización $2.368 + arriendo $500 + pensión $1.000 = **$3.868 mensuales** contra una necesidad de $2.700. Un excedente de $1.168 que puede reinvertir en el emprendimiento, donar o simplemente disfrutar.

Y lo más poderoso narrativamente: ese excedente llega sin que María haya contado con los ingresos de su escuela de alimentación. Todo lo que genera el emprendimiento es plusvalía pura. Es la Primera Fuente completamente liberada del miedo.

El momento de mirarse al espejo

Conocer las cuatro fuentes en abstracto es útil. Pero la arquitectura patrimonial no se construye en el plano teórico. Se construye mirando la propia realidad con la misma honestidad con que el Dimensionamiento te pidió mirarte por dentro. Ahora toca hacer lo mismo con los números.

Quiero que conozcas a María.

María tiene 45 años y lleva veinte trabajando en multinacionales de consumo masivo, primero como ejecutiva de cuentas, luego como gerente de producto en una empresa estadounidense con presencia en toda Latinoamérica. Tiene una vida cómoda: está separada, tiene dos hijos en la universidad a quienes sostiene económicamente, un apartamento propio donde vive, y un local comercial que arrienda desde hace siete años. Nunca le faltó nada. Pero tampoco le sobró mucho tiempo para pensar en lo que viene después.

Lo que la trajo a mi oficina no fue una crisis propia. Fue la de Luis Carlos.

Luis Carlos era su jefe. Cincuenta y dos años, veinte en la empresa, un profesional impecable que construyó toda su identidad alrededor de su cargo. Hace unos meses la empresa fusionó dos departamentos. Luis Carlos fue uno de los despedidos. Le dieron un paquete de retiro honorable que no le asegura estabilidad más allá de doce meses. Ocho de esos meses ya habían pasado cuando María vino a verme. Luis Carlos seguía buscando trabajo, activando contactos, enviando hojas de vida. Sin resultado. El mercado no tenía espacio para un hombre de cincuenta y dos años cuyo único activo era el cargo que ya no tenía. El estrés lo estaba consumiendo. Sabía que le faltaban diez años para la pensión y que tendría que cotizarlos como independiente si no encontraba algo pronto.

María miraba esa situación y veía su propio futuro posible. Y eso la asustó lo suficiente para llamarme.

Nos reunimos en mi oficina una tarde de martes. Antes de hablar de números le hice las preguntas que nadie le había hecho antes. ¿Has calculado cuánto necesitas que tu patrimonio genere para mantener tu calidad de vida sin depender de tu trabajo? ¿Sabes cuánto valen tus activos y qué rentabilidad te están generando? ¿Tienes claro de cuánto será tu pensión y qué pasaría si dejas de cotizar? ¿Sabes cuánto tiempo duraría tu patrimonio si empezaras a consumirlo? Y la más importante de todas: ¿qué sentido le quieres dar a lo que te quede de vida?

Silencio.

No el silencio incómodo de quien no sabe qué decir. El silencio profundo de quien acaba de darse cuenta de que nunca se había hecho esas preguntas.

Le dejé unas tareas y quedamos de vernos la semana siguiente. Pero María no esperó. Esa misma noche, sola con un cuaderno y una calculadora, empezó a construir su estrategia. Y cuando volvió a mi oficina siete días después, llegó con los números hechos y con algo más: con una claridad sobre su vida que no había tenido en veinte años de carrera corporativa.

La primera pregunta que respondió no fue la financiera. Fue la más difícil. El sentido que quería darle a su vida.

Llevaba dos décadas administrando presupuestos de marketing para productos que no le importaban, en reuniones interminables bajo luces de neón, reportando a jefes que cambiaban cada dos años y que nunca supieron realmente quién era ella. Había sido eficiente. Había sido disciplinada. Había cumplido. Pero había algo que no había hecho: había vivido la vida de otros en lugar de la suya.

Había leído sobre las Finanzas Transpersonales y compartía la idea de que una vida que no genera valor genuino a los demás es un simple registro notarial. Quería ser testimonio de vida para sus hijos y sus nietos. Quería llegar a los ochenta años y poder decir que hizo algo que importó. No en abstracto. En concreto. Con personas reales que se beneficiaron de lo que ella sabía hacer.

Y ahí, en el silencio de esa noche, apareció algo que siempre había estado en ella pero que el ruido corporativo no dejaba escuchar: su pasión genuina por la alimentación saludable. Años estudiando nutrición por cuenta propia, cambiando sus hábitos, acompañando a sus hijos en una relación sana con la comida, aconsejando a amigas que le preguntaban cómo lo hacía. No era una idea de negocio. Era quien ella era. Y de repente vio con una claridad que nunca había tenido que ese conocimiento, esa pasión y esa capacidad de conectar con las personas podían convertirse en valor real para otros. En una escuela de alimentación saludable. En su Actividad Económica Ideal. En su razón de levantarse cada mañana con el fuego encendido en lugar de apagado.

Pero María también sabía que un salto al vacío sin paracaídas no es valentía. Es imprudencia. Y ella no había venido a mí para que le dijera que siguiera sus sueños. Había venido para construir una arquitectura que hiciera posible seguirlos sin destruir lo que había construido en veinte años.

Entonces hizo los números.

Primero determinó cuánto necesitaba para vivir con la calidad de vida que quería mantener. No la vida de lujo que sueña en abstracto, sino la vida concreta que ya tiene hoy. El número era tres mil dólares mensuales: vivienda, alimentación, salud, ocio razonable y algo de viaje. Un número honesto.

Segundo, definió su horizonte de tiempo sin anestesia. Sus abuelos maternos llegaron a los ochenta y cinco y noventa y dos años. Su padre murió a los setenta y ocho, pero fumó toda su vida y no se cuidó. María, que hace ejercicio, no fuma y come bien, decidió planificar hasta los cien años. Ese margen le daba paz.

Tercero, determinó su Punto de Inflexión: los cincuenta años. No como la edad en que dejaría de trabajar —el trabajo alineado con el propósito puede durar toda la vida— sino como la edad en que trabajar sería una elección y no una obligación. Le quedaban cinco años para construir, y cincuenta años después del punto de inflexión que su estrategia patrimonial debía financiar.

Con esas tres coordenadas claras, comenzó a mapear su ecosistema.

Hizo primero el inventario honesto de lo que tenía. El apartamento donde vivía valía trescientos mil dólares. El local comercial, que generaba quinientos dólares mensuales de arriendo, estaba valorado en doscientos mil. El CDT sumaba veinte mil dólares. Y el apartamento de inversión valía doscientos mil, pero cargaba una deuda hipotecaria de ochenta mil que le exigía trescientos dólares mensuales de cuota. Su patrimonio total era considerable. Pero no todo era líquido, no todo rentaba, y no todo estaba trabajando de manera inteligente para su futuro.

Ahí tomó su primera gran decisión: vender el apartamento de inversión.

Con la venta recibió doscientos mil dólares. Pagó la deuda de ochenta mil y le quedaron ciento veinte mil libres. Sumados a los veinte mil del CDT, tenía un capital de ciento cuarenta mil dólares para construir un portafolio diversificado de renta fija al seis por ciento anual. Y algo más: al eliminar la cuota hipotecaria de trescientos dólares mensuales, su presupuesto se redujo de tres mil a dos mil setecientos. Esos trescientos dólares liberados no los gastó. Los convirtió en un aporte mensual al portafolio.

Durante los cinco años siguientes, de los cuarenta y cinco a los cincuenta, María mantuvo su trabajo, vivió ajustada a ese presupuesto y dejó que el tiempo y el interés compuesto hicieran su trabajo. El portafolio de ciento cuarenta mil dólares creciendo al seis por ciento anual, más los trescientos dólares de aporte mensual durante sesenta meses, producían al llegar a los cincuenta años un capital de doscientos nueve mil setecientos setenta dólares.

Entonces llegaba el momento del salto.

A los cincuenta, María tomaba la decisión que Luis Carlos nunca tuvo el tiempo ni la claridad para tomar: salir por la puerta delantera antes de que el sistema decidiera por ella. Y con esa decisión venía otra que al principio le generó vértigo pero que pronto reconoció como liberadora: vender el apartamento donde vivía.

Sus hijos ya serían profesionales independientes. El espacio grande ya no tenía sentido. Y cargar con un activo de trescientos mil dólares que no rentaba, solo para decir que era propietaria, era exactamente el tipo de decisión que el viejo paradigma tomaba por inercia. María eligió diferente. Vendió el apartamento, tomó en arriendo un apartamento más pequeño, más moderno, en un sector exclusivo de su ciudad, por mil dólares mensuales. Pagaba más que antes en términos de arriendo, pero era libre. Libre de ese capital. Libre de ese peso. Y vivía mejor.

Con los trescientos mil de la venta más los doscientos nueve mil setecientos setenta del portafolio, su capital total llegaba a quinientos nueve mil setecientos setenta dólares. Su presupuesto mensual, ahora con el arriendo incluido, quedaba en tres mil setecientos dólares.

Con ese capital haría dos cosas simultáneamente.

La primera: apartar sesenta mil dólares como capital inicial de su escuela de alimentación saludable. Ese capital cubriría los costos de los dos primeros años de operación, incluyendo sus propios honorarios de mil setecientos dólares mensuales. No era un salario corporativo. Era suficiente. Y era completamente suyo.

La segunda: con los cuatrocientos cuarenta y nueve mil setecientos setenta dólares restantes construir su estrategia de descapitalización. Aplicando una tasa del cero punto cinco por ciento mensual durante seiscientos meses, cincuenta años exactos, hasta cumplir los cien, el flujo mensual resultante era de dos mil trescientos sesenta y ocho dólares. No los rendimientos del árbol frutal que debía preservarse intacto. El flujo calculado y programado de la vela que se consume dando luz, que dura exactamente lo que debe durar.

Dos mil trescientos sesenta y ocho dólares de descapitalización, más los quinientos del arriendo del local comercial: dos mil ochocientos sesenta y ocho dólares de ingresos de baja gestión cada mes.

Su presupuesto era de tres mil setecientos.

La brecha entre lo que generaba su ecosistema de baja gestión y lo que necesitaba para vivir era de ochocientos treinta y dos dólares. Una brecha real, honesta, que el ecosistema solo no cubría todavía. Pero que sus honorarios del emprendimiento, mil setecientos dólares mensuales, cubrían con excedente desde el primer día. No necesitaba que la escuela fuera un éxito comercial inmediato. Necesitaba simplemente que funcionara. Y eso dependía de ella, de su conocimiento, de su pasión, de lo que ya era antes de que ningún número entrara en la ecuación.

Su Índice de Cobertura de Ingresos de Baja Gestión[4] a los cincuenta años era del setenta y siete punto cinco por ciento. No el cien que marca la independencia financiera plena. Pero sí el umbral que separa a quien trabaja por necesidad de quien trabaja por elección. Porque aunque el ecosistema no cubría todo, cubría lo suficiente para que la Primera Fuente, el emprendimiento, pudiera existir desde el amor y no desde el miedo. Cada peso que generara la escuela de alimentación saludable nacería de la vocación, no de la urgencia de pagar el arriendo del mes.

Y entonces a los cincuenta y siete años, puntualmente como estaba planeado, llegó la Cuarta Fuente.

Mil dólares mensuales de pensión. El resultado de haber cotizado como independiente durante siete años, de haber tomado esa decisión con consciencia y disciplina cuando muchos habrían preferido no hacerlo.

El ecosistema completo sumaba ahora tres mil ochocientos sesenta y ocho dólares mensuales de ingresos de baja gestión, contra un presupuesto de tres mil setecientos. El Índice de Cobertura había cruzado el umbral: ciento cuatro punto cinco por ciento. Por primera vez en su vida, María no necesitaba trabajar para vivir. Todo lo que generara su escuela de alimentación saludable a partir de ese momento era excedente puro. Era la expresión más libre y más plena de lo que ella era.

---

4. Sigue leyendo para encontrar el concepto de Indice de Cobertura de Ingresos de Baja Gestión

Todo eso sin contar un solo peso adicional generado por su emprendimiento más allá de sus honorarios básicos.

Cuando volvió a mi oficina esa segunda vez, María llegó con una hoja cuadriculada llena de números y con una serenidad en los ojos que no tenía la semana anterior. Me dijo algo que nunca olvidé: "La semana pasada vine con miedo. Hoy vine con un plan."

No había magia en lo que había construido. No había ingresos que trabajaran solos ni fórmulas secretas que ningún gurú quisiera revelarle. Había cuatro fuentes bien orquestadas, un horizonte de tiempo honesto, una brecha calculada con precisión y una decisión de vida que le daba sentido a cada número. Había un ecosistema. Y había, sobre todo, la certeza de que no iba a terminar como Luis Carlos: esperando que el sistema decidiera por ella.

Ese es el punto de llegada del ejercicio. No una cifra en un Excel. No un número mágico en una cuenta bancaria. Es el momento en que el dinero deja de ser el amo y se convierte, definitivamente, en el sirviente leal de una vida con sentido.

María construyó su Dorado desde adentro hacia afuera. Creo una escuela de alimentación saludable que nadie le había pedido que construyera, pero que el mundo necesitaba y que ella, y solo ella, podía construir de esa manera.

Las dos fases: siembra y cosecha

El Diseño también define con claridad en qué fase de la vida económica se encuentra cada persona y qué reglas aplican en cada una. Confundir las reglas de una fase con las de la otra es uno de los errores más costosos que comete nuestra generación. Es como regar las semillas en otoño y pretender cosechar en primavera: el ciclo tiene su propia lógica, y respetarla no es resignación, es sabiduría.

En la Fase de Siembra las reglas son claras y exigentes: maximizar el Ingreso Activo, vivir por debajo de las posibilidades, reinvertir el cien por ciento de los rendimientos de los activos y no tocar el capital bajo ninguna circunstancia. Es la fase del cazador que sale al bosque todos los días mientras construye trampas cada vez más sofisticadas. María está en esta fase. Cada peso que ahorra e invierte hoy no es un sacrificio, es una cuota de libertad comprada con anticipación. El interés compuesto, esa fuerza silenciosa y paciente, trabaja a su favor mientras ella duerme. En esta fase el Capital Humano trabaja a máxima intensidad, no porque sea una condena, sino porque es el combustible que alimenta el motor. El cazador sale al bosque con toda su energía precisamente para que llegue el día en que no tenga que salir por obligación.

En la Fase de Cosecha las reglas cambian de manera radical, y el cambio más importante no es técnico sino mental. Ya no se trata de acumular sino de sostener y disfrutar con inteligencia. La máquina trabaja. El Ingreso Activo se vuelve opcional. Las rentas de los activos, la previsión social y —esto es fundamental— el consumo planeado y consciente del propio capital financian la vida. Aquí la descapitalización no es una señal de fracaso ni un error de planificación: es el plan. Es exactamente para lo que se construyó el patrimonio. El árbol que María cultivó con paciencia durante cinco años está ahora en su plena madurez, y está bien, es correcto, es sabio, comerlo con gratitud y sin culpa mientras dure.

Esta fase es quizás la más delicada de gestionar, no porque sea complicada técnicamente, sino porque requiere un cambio profundo en la manera de relacionarse con el dinero. El cazador debe aprender a sentarse junto al fuego y confiar en las trampas que pasó décadas construyendo. Debe aprender que recibir también es un acto de consciencia, que disfrutar lo construido no es irresponsabilidad sino la culminación natural de años de disciplina. Para una generación educada en el esfuerzo permanente como virtud suprema, eso no es fácil. Pero es necesario. Porque una vida construida con tanto cuidado merece ser habitada con plenitud, no custodiada con miedo desde la orilla.

Los tres dragones: blindar la arquitectura

Toda obra maestra tiene sus guardianes. En los relatos heroicos de todas las culturas, el camino hacia la libertad nunca está despejado: hay criaturas que custodian el tesoro, pruebas que el héroe debe superar antes de reclamar lo que vino a buscar. La arquitectura financiera para cien años no es la excepción. Existen tres amenazas que pueden derribar incluso el plan más sólido, construido con más paciencia y más disciplina. Las llamo los tres dragones, no para dramatizar, sino porque merecen ser tomados con la seriedad con que el héroe toma a sus adversarios: sin subestimarlos, sin ignorarlos, y con una estrategia clara para cada uno.

El primer dragón: sobrevivir a tu propio dinero

Es el miedo más profundo de nuestra generación, y con razón. Llegar a los noventa años con salud, con lucidez, con ganas de vivir, y descubrir que la cuenta está en ceros. Que el árbol se secó antes de tiempo. Que la vela se consumió antes de que llegara el amanecer.

Este dragón se alimenta de dos cosas: de tasas de retiro demasiado generosas en los primeros años de la Fase de Cosecha, y de la tentación de ignorar el plan cuando la vida presenta oportunidades o urgencias que parecen justificar un retiro extraordinario. Se vence con una tasa de retiro conservadora —entre el tres y el seis por ciento anual para quienes planifican horizontes mayores a treinta años— y con la disciplina de no negociar con ese número cuando las emociones piden otra cosa. Un portafolio bien construido no se consume, se equilibra: parte de los rendimientos financia la vida, otra parte se reinvierte para que el capital siga creciendo incluso mientras se disfruta. El árbol da fruta y al mismo tiempo echa raíces más profundas. Eso es lo que garantiza que dure.

El segundo dragón: que la crisis llegue en el peor momento

Existe un riesgo que la mayoría de las personas no conoce hasta que lo vive, y para entonces ya es tarde para mitigarlo. Se llama el riesgo de secuencia de retornos, y funciona así: imagina a alguien que llega a su Punto de Inflexión justo el año en que los mercados colapsan. Su portafolio vale la mitad de lo que valía hace doce meses. Y sin embargo, la vida no hace descuentos: el arriendo, la alimentación, la salud siguen costando lo mismo. Necesita retirar dinero del portafolio para vivir, pero lo hace cuando los activos están en su precio más bajo, vendiéndolos a precio de remate en el peor momento posible. Y cuando los mercados se recuperen —porque siempre se recuperan— ya no tendrá esos activos para beneficiarse de la recuperación. El daño será permanente.

Este dragón se vence con lo que algunos llaman los cubos de liquidez: mantener siempre entre uno y tres años de gastos en activos seguros, estables y disponibles de inmediato, completamente separados del portafolio de inversión de largo plazo. Ese colchón es el escudo. Cuando el dragón ataca y los mercados caen, se vive del colchón sin tocar nada más, con la calma de quien sabe que tiene tiempo para esperar. Y mientras se espera, el portafolio se recupera solo. La paciencia, cuando está financiada, deja de ser una virtud abstracta y se convierte en una estrategia concreta.

El tercer dragón: el ladrón que nunca se ve

Los dos primeros dragones son ruidosos. Se sienten, se ven, generan alarma. El tercero es distinto: silencioso, invisible, paciente. Trabaja de noche, sin anunciarse, sin dejar rastro inmediato. Y cuando uno finalmente lo nota, ya ha hecho un daño considerable.

Se llama inflación.

La inflación es la pérdida gradual del poder adquisitivo del dinero. Lo que hoy cuesta cien, en veinte años puede costar doscientos o trescientos, dependiendo del ritmo de los precios.

Un retiro que hoy financia una vida cómoda puede convertirse, dos décadas después, en una suma que apenas alcanza para lo básico, si el dinero estuvo guardado en instrumentos que no crecieron al mismo ritmo que los precios.

Este dragón no se vence con escudos sino con crecimiento. No se puede jugar a la defensiva con él. La única manera de derrotarlo es asegurarse de que el portafolio esté invertido mayoritariamente en activos que históricamente han superado el ritmo de la inflación: propiedades, empresas sólidas, activos productivos que generan valor real en la economía. Y aquí aparece algo que ya sabemos pero que vale recordar en este contexto: vencer al tercer dragón requiere gestión. No gestión diaria ni gestión intensa, pero sí una mirada periódica y atenta sobre el portafolio. Un patrimonio abandonado a su suerte, sin revisión, sin ajuste, sin la supervisión del Alquimista, es presa fácil de este ladrón silencioso. La baja gestión nunca significa ausencia de gestión. Significa gestión inteligente, delegada en activos que trabajan, pero siempre con el ojo del arquitecto sobre la obra.

Porque las obras maestras no se construyen solas. Y tampoco se conservan solas.

El Índice de Cobertura de Baja Gestión (ICIBG): el termómetro de tu libertad

Toda arquitectura necesita un instrumento de medición. El arquitecto que diseña un edificio no confía únicamente en su intuición ni en la belleza del plano: tiene métricas, tiene criterios, tiene números que le dicen si la estructura aguantará el peso que se le exige. La arquitectura patrimonial no es diferente. Y su instrumento de medición más importante no es el saldo de la cuenta bancaria ni el valor total del portafolio. Es una pregunta mucho más reveladora que cualquiera de esas cifras.

La pregunta es esta: ¿qué porcentaje de tu vida está financiado por fuentes que no dependen de tu esfuerzo diario?

Esa pregunta tiene respuesta numérica, y esa respuesta lo dice todo sobre el estado real de tu libertad financiera. La llamamos el Índice de Cobertura de Ingresos de Baja Gestión: El ICIBG, y calcularlo es más sencillo de lo que parece.

Suma todo lo que recibes, o recibirás, de tus tres fuentes de baja gestión: los rendimientos de tus activos, el flujo planeado de capital que puedes retirar de manera sostenible sin agotar el patrimonio antes de tiempo, y lo que el sistema de previsión social te garantiza. Divide esa suma entre lo que necesitas para vivir con la calidad de vida que quieres. Multiplica por cien. Ese número, expresado como porcentaje, es tu ICIBG.

Y ese número te dice, con una claridad que ningún otro indicador puede igualar, exactamente dónde estás parado.

Si el índice está por debajo del cien por ciento, dependes del trabajo activo para cerrar la diferencia. No hay nada de malo en eso durante la Fase de Siembra: es lo natural, es lo esperado, es parte del plan. Pero si llegas a tu Punto de Inflexión con ese índice demasiado bajo, la realidad es dura: seguirás trabajando no porque quieras sino porque no tienes alternativa. Y trabajar por necesidad, cuando el cuerpo ya no tiene la energía de los treinta años y el alma ya no aguanta las reuniones sin sentido, es una de las formas más silenciosas y más dolorosas de sufrimiento financiero.

Cuando el índice llega al cien por ciento, algo cambia de

manera irreversible. Has cruzado el umbral. Has alcanzado lo que en estas páginas llamamos la Independencia Financiera Transpersonal: el punto donde tus fuentes de baja gestión cubren el costo completo de tu vida. A partir de ese momento, cualquier ingreso que generes con tu Capital Humano nace de una sola razón: porque quieres. Porque te apasiona. Porque el trabajo alineado con el propósito no es una carga sino una expresión de lo que eres. Sigues gestionando tu ecosistema, porque ya sabemos que la gestión nunca desaparece del todo, pero lo haces desde la libertad, no desde la presión. Desde el amor, no desde el miedo.

Cuando el índice supera el cien por ciento, tienes excedente. Puedes reinvertir, mejorar tu calidad de vida, donar, construir legado. El dinero ya no administra tu vida. Tú administras el dinero. Y esa inversión de roles, tan simple de enunciar y tan profunda de vivir, es exactamente la transformación que este libro vino a proponer.

La historia de María ilustra esta progresión con una claridad que ningún concepto abstracto puede igualar. Cuando llega a mi oficina por primera vez, a los cuarenta y cinco años, su ICIBG es del cuarenta por ciento. El arriendo del local comercial y los rendimientos de su patrimonio financiero neto solo cubren cuatrocientas de cada mil personas que depende de su trabajo para llegar al mes. El ochenta por ciento de su calidad de vida descansa sobre su empleo. Es exactamente la situación de Luis Carlos: vulnerable, expuesta, dependiente de que el sistema siga queriéndola.

Cinco años después, a los cincuenta, cuando vende su apartamento, lanza su emprendimiento y activa la estrategia de descapitalización, su ICIBG salta al setenta y siete punto cinco por ciento. Ya no trabaja por obligación. El ecosistema de baja gestión cubre las tres cuartas partes de su vida. La brecha restante —ochocientos treinta y dos dólares— la cubre holgadamente con sus honorarios del emprendimiento. Pero la diferencia fundamental no está en el número. Está en la naturaleza de ese trabajo: ya no lo hace desde el miedo sino desde la vocación. La escuela de alimentación saludable no es el salvavidas que paga el arriendo. Es la expresión de lo que ella es.

Y a los cincuenta y siete años, cuando la pensión se activa puntualmente como estaba planeado, el ICIBG cruza el umbral: ciento cuatro punto cinco por ciento. La Independencia Financiera Transpersonal. Todo lo que genera el emprendimiento a partir de ese momento —cada estudiante que se matricula, cada vida que transforma, cada peso que entra por hacer lo que ama— es excedente puro. Es la Primera Fuente en su expresión más elevada: no la alta gestión del que trabaja por necesidad, sino la alta gestión del que crea porque es su naturaleza.

Cuarenta por ciento. Setenta y siete punto cinco. Ciento cuatro punto cinco.

No fue un evento. Fue un proceso. Una arquitectura construida decisión a decisión, promesa a promesa, martes gris a martes gris. Y ese proceso, replicado con las coordenadas propias de cada persona, es exactamente lo que el Diseño vino a proponer.

Ese es el punto de llegada del Diseño. No una cifra en un Excel. No un número mágico en una cuenta bancaria. Es el momento en que el dinero deja de ser el amo y se convierte, definitivamente, en el sirviente leal de una vida con sentido. El

Dorado que los conquistadores buscaron cruzando selvas y ríos imposibles no estaba en ningún lugar del mapa. Estaba, como siempre estuvo, en la capacidad del ser humano de construir valor con paciencia, con criterio y con propósito. Esa ciudad sí existe. Y tú la estás construyendo.

La creatividad que construyó este ecosistema no termina aquí. Se encarna ahora en el tercer movimiento, el más humano y el más exigente de todos.

Es hora del Desarrollo.

Desarrollo

Del dicho al hecho hay mucho trecho.

Hemos encendido el fuego del Dimensionamiento: sabemos dónde estamos, hemos decidido hacia dónde vamos y hemos asumido la responsabilidad de ese destino. Hemos trazado el mapa del Diseño: conocemos las cuatro fuentes, entendemos la diferencia entre alta y baja gestión, hemos calculado nuestra brecha y sabemos cuánto patrimonio necesitamos construir para cruzar el umbral de la independencia. El plano está sobre la mesa. La arquitectura está diseñada. El camino está claro.

Y sin embargo.

Aquí nos estrellamos con el muro más duro de toda la construcción: la realidad cotidiana. Porque entre el plano más brillante y el edificio terminado existe una distancia que no se recorre con inteligencia sino con algo mucho más escaso y mucho más valioso: la capacidad de actuar de manera coherente, sostenida y deliberada cuando nadie está mirando, cuando el entusiasmo del primer día se ha enfriado y solo queda la voluntad desnuda frente al calendario.

El Desarrollo es el tercer movimiento del Método 3D. Es donde la estrategia desciende al lunes por la mañana, al presupuesto del mes, a la decisión de invertir cuando el mercado asusta, a la decisión de no gastar cuando la tentación es grande. Es donde el Alquimista deja de ser una aspiración y se convierte en una práctica encarnada. Es donde el Capital Humano, que en el Diseño aprendimos a gestionar como fuente de ingresos, revela su dimensión más profunda: no solo como generador de riqueza sino como la fuerza interior que sostiene la coherencia entre lo que decidimos y lo que realmente hacemos.

Porque de nada sirve haber calculado que necesitas ahorrar "x" cantidad de dinero al mes si el mes termina y el dinero se fue a otra parte. De nada sirve saber que tu índice de cobertura está en "y" por ciento, si esa claridad no se traduce en acciones concretas que lo muevan hacia arriba. El Dimensionamiento sin Desarrollo es lucidez estéril. El Diseño sin Desarrollo es arquitectura de papel.

El Desarrollo es el movimiento que convierte el mapa en territorio.

Los cinco desniveles del Ser Humano: Lla brecha entre decir y hacer

Existe una distancia que todos conocemos pero pocos nombran con honestidad. Es la distancia entre lo que decimos y lo que hacemos. Entre la palabra pronunciada, con convicción, con entusiasmo, y la acción concreta que debería seguirla. Entre el verbo declarado y el verbo encarnado.

Las tradiciones espirituales más antiguas de la humanidad entendieron algo que la neurociencia moderna ha confirmado con datos: las palabras crean realidad. "En el principio era el Verbo", dice el Evangelio de Juan. Y el Verbo se hizo carne. No se quedó en el aire. No flotó como una intención bonita. Se encarnó. Se volvió materia. Esa es la promesa más antigua y más exigente que existe: que lo que se dice se hace, que la palabra es el puente entre el mundo interior y el mundo exterior, y que cruzar ese puente es el acto más fundamentalmente humano que existe.

Pero hay un problema. Y es un problema que la biología instaló en nosotros con una crueldad elegante.

Cuando decimos algo, cuando declaramos una intención, cuando anunciamos un plan, cuando compartimos una meta con otro ser humano, el cerebro libera dopamina. La misma dopamina que libera cuando logramos algo, aunque en menor medida. El simple acto de decirlo activa el mismo circuito de recompensa que el acto de hacerlo. Y ahí está la trampa: pareciera que con decirlo es suficiente para nuestro inconsciente. El cerebro, en su economía de recursos, registra la promesa dicha como si fuera la promesa cumplida. La palabra se convierte en un sustituto de la acción. Y la acción real pierde urgencia.

Decimos "voy a ahorrar este mes" y nos sentimos bien. Decimos "voy a emprender" y experimentamos un alivio genuino. Decimos "voy a revisar mis inversiones" y por un momento la ansiedad cede. No porque hayamos hecho nada, sino porque el cerebro ya cobró su recompensa anticipada. Ya celebró. Ya cerró el ciclo. Y entonces el lunes llega, y el martes, y el mes termina, y la promesa sigue flotando en el aire sin haberse hecho carne.

Eso ya es devastador cuando el compromiso incumplido ocurre con otros. Pero es infinitamente más devastador cuando ocurre con uno mismo.

Las promesas que le hacemos a otros tienen testigos, tienen presión social, tienen consecuencias visibles si no se cumplen. Pero las promesas que nos hacemos a nosotros mismos viven en el territorio más íntimo y más desprotegido que existe: el diálogo interior. Y cuando esas promesas se rompen, cuando nos decimos "esta vez sí" y otra vez no, la traición no tiene testigos externos, pero tiene un juez implacable: nosotros mismos. Es una traición a uno mismo, la traición más dolorosa que puede existir.

Porque cuando tomamos una decisión y nos la decimos a nosotros mismos, cuando hacemos un compromiso en nuestro interior, nuestro inconsciente lo registra exactamente como lo que es: un compromiso en firme, a la espera de ser cumplido. No como una aspiración vaga ni como un deseo flotante. Como una promesa real. Y no hay forma de evadirlo. Está ahí, silencioso, esperando.

Cuando pasa el tiempo y ese compromiso no se cumple, el inconsciente empieza a generar un diálogo interior nocivo. Habla de nuestra incapacidad, de nuestra falsedad, de la distancia entre lo que decimos ser y lo que realmente hacemos. No siempre con palabras. A veces solo con un sentimiento que nos invade cuando no nos levantamos temprano a hacer el ejercicio que prometimos, cuando comemos más postre del que nos habíamos propuesto, cuando pasa otro enero y el proyecto que "este año sí" seguía igual que el año anterior. El inconsciente lo registra todo. Como un contador silencioso que lleva la cuenta de los compromisos incumplidos. Y esa cuenta, acumulada en el tiempo, va socavando algo muy valioso: la confianza en uno mismo.

Cada promesa rota a uno mismo se convierte en una capa más de ese diálogo interior nocivo que dice, cada vez con más convicción, que no somos capaces. Que somos de los que hablan pero no hacen. Que el cambio es para otros.

Inevitablemente, somos las promesas que cumplimos. No las que decidimos. No las que decimos. No las que pensamos. No las que sentimos con toda la sinceridad del mundo en el momento de pronunciarlas. Las que cumplimos. Esa es la única moneda que el alma acepta como pago real.

He aprendido de hombres grandes que iluminan mi camino, que hay cinco formas distintas de habitar esa brecha entre decir y hacer. Cinco desniveles del comportamiento humano que describen con precisión los patrones mediante los cuales nos traicionamos a nosotros mismos, no por maldad ni por incapacidad, sino porque decidimos desde la inconsciencia, desde la urgencia, desde la presión social, desde los "deberías" instalados en lo más profundo de nuestro software base. Porque nuestras decisiones rara vez obedecen a un proceso de discernimiento profundo, motivado por la fuerza del amor y no por la tiranía del miedo.

Cuando discernimos a consciencia, cada decisión viene precedida por un proceso que entra cada vez más en contacto con nuestra propia esencia, nuestra propia consciencia experimenta una mayor amplitud, y logramos diferenciar esas voces que vienen del miedo, y las que vienen del amor. Entonces lo que debemos hacer se manifiesta con una claridad interior, la duda desaparece y se alinea con el sentido de vida que hemos elegido. Cuando ese discernimiento ocurre de verdad, cuando la decisión nace de lo que el alma reclama y no de lo que el miedo exige, la brecha entre decir y hacer se cierra sola. No con esfuerzo. Con coherencia.

El primer desnivel: no digo, no hago

Es el silencio total. No hay metas declaradas, no hay inversiones, no hay dirección pronunciada en voz alta ni en voz baja. La vida económica está completamente a la deriva, gobernada por las circunstancias, por los gastos que llegan solos, por las deudas que se acumulan sin que nadie las haya planeado ni anunciado. Es el estado prepersonal del Zombie: la persona no vive su economía, es vivida por ella.

La inercia no es comodidad. Es el sufrimiento más caro de todos, porque se paga con el activo más irrecuperable que existe: el tiempo. Cada mes que pasa sin una palabra consciente que marque una dirección es un mes que el interés compuesto trabajó para alguien más, un mes que la brecha entre donde está y donde podría estar se hizo un poco más ancha, un poco más difícil de cerrar. El silencio también es una promesa. Es la promesa de que nada va a cambiar.

El segundo desnivel: no digo, hago

Este es más sutil y por eso más peligroso. La persona trabaja, gana dinero, paga cuentas, quizás hasta ahorra algo. Hay movimiento. Hay actividad. Desde afuera, todo parece funcionar. Pero no hay una palabra consciente, una declaración interior o exterior, que oriente ese movimiento hacia ningún destino elegido. Se trabaja porque hay que trabajar. Se gasta porque hay qué gastar. Se vive en piloto automático, ejecutando los guiones que la cultura, la familia y el mercado escribieron sin consultarle a nadie.

Es el ejecutivo que gana bien pero nunca se ha dicho a sí mismo con claridad para qué trabaja tanto ni hacia dónde va todo ese esfuerzo. Nunca ha pronunciado esa promesa interior. Y sin promesa no hay dirección. Y sin dirección, el movimiento, por intenso que sea, es simplemente dar vueltas en círculos cada vez más cansados.

El tercer desnivel: digo y no hago

Es la brecha más frustrante y la más común. Y es donde la trampa de la dopamina actúa con más ferocidad. La intención es genuina, el deseo es real, la claridad existe. Se dice "voy a ahorrar este mes" y se siente el alivio de haberlo dicho. Se dice "voy a emprender" y por un momento la ansiedad cede. Se dice "voy a hablar con un asesor" y el cerebro ya cobró su recompensa.

Y entonces no se hace nada. Y la promesa queda flotando. Y la siguiente vez que se dice lo mismo, hay algo en el interior que ya no cree del todo. Porque el juez interior lleva la cuenta. Sabe cuántas veces se ha dicho esa misma frase. Sabe cuántas veces el lunes llegó y la promesa del domingo no sobrevivió al primer café. Cada repetición de ese ciclo, decir, no hacer, decir, no hacer, construye un diálogo interior que se vuelve cada vez más corrosivo, más cínico, más convencido de que esta persona es de las que hablan pero no actúan.

Es el infierno de la palabra sin carne: pronunciar el verbo sin encarnarlo. Y ese infierno, a diferencia de los que describen los teólogos medievales, no está en ningún lugar remoto. Está en el pecho, todos los días, a la hora en que uno se mira al espejo.

El cuarto desnivel: digo una cosa y hago otra

Aquí la traición es más sofisticada porque se disfraza de acción. Se declara una dirección y luego el cuerpo se mueve en otra, sin reconocerlo abiertamente, a veces sin siquiera notarlo conscientemente. Se dice "quiero tranquilidad financiera" pero se gasta compulsivamente para mantener un estatus que ya no produce satisfacción real. Se dice "voy a emprender" pero no se suelta el empleo corporativo que agota, siempre con una razón nueva que justifica esperar un poco más. Se dice "voy a invertir" pero el dinero se evapora en consumo impulsivo antes de llegar a ninguna cuenta de inversión.

Dos voces hablan al mismo tiempo y dicen cosas distintas. Una voz es la del yo consciente, el que eligió una dirección, el que pronunció la promesa. La otra es la voz más antigua, más arraigada, la que viene del miedo y de los patrones heredados que llevan décadas operando por debajo de la consciencia. Y esa segunda voz, más vieja y más fuerte, suele ganar sin hacer ruido. La incoherencia entre lo que se dice y lo que se hace es la traición más sutil porque desde afuera es casi imposible distinguirla de la acción genuina. Desde adentro, en los momentos de honestidad real, se siente exactamente como lo que es: vivir partido en dos.

El quinto desnivel: digo, y hago a medias

Es el arranque efímero. La promesa que se cumple a medias. El entusiasmo genuino que dura lo que dura la novedad y se apaga en cuanto el camino exige más de lo que el primer impulso anticipó. Los proyectos que comienzan con toda la energía del mundo y se abandonan al primer obstáculo serio, al primer resultado que no llega tan rápido como se esperaba, al primer mes en que ahorrar duele de verdad.

Este desnivel es especialmente doloroso porque la persona sí hizo algo. Sí cumplió la promesa, al menos al principio. Y sin embargo el resultado final es el mismo: la promesa rota, el ciclo incompleto, el juez interior con otro registro en su cuenta. La disciplina de sprint sin la resistencia de la maratón produce algo peor que el fracaso abierto: produce una historia de intentos inconclusos que el diálogo interior convierte en evidencia de incapacidad.

Y la verdadera libertad financiera, esa en donde te liberas de la presión económica del mundo moderno y haces del dinero un instrumento, y de tu actividad productiva un baile que no se siente trabajo, sino una expresión total de tu valor a la sociedad, se presenta inevitablemente como toda obra maestra: es una maratón. No se construye en el mes en que uno está inspirado. Se construye en los meses grises, en los trimestres aburridos, en los años en que nada parece moverse y sin embargo todo está moviéndose por debajo de la superficie, silenciosamente, con la paciencia del interés compuesto que no hace excepciones ni descuentos por falta de motivación.

Reconocer en cuál de estos desniveles habitas no es un acto de culpa. Es un acto de consciencia presente. Porque solo lo que se nombra se puede transformar. Y nombrar con honestidad el patrón que nos tiene atrapados es, en sí mismo, el primer paso para salir de él. Es la primera promesa que vale la pena hacer: la de mirarse sin anestesia y decidir, esta vez de verdad, que el verbo se va a hacer carne.

Somos las promesas que cumplimos. Todas las demás son solo palabras.

El estado de Flow: cuando el trabajo deja de costar

Al discernir conscientemente, vamos cumpliendo nuestras promesas sin esfuerzos sobrenaturales. Actuamos en coherencia con un diálogo interior que ha logrado volverse constructivo, motivado por la claridad que dan el amor y el servicio. Desde ese lugar aparece un estado que todos hemos experimentado alguna vez, aunque no siempre hayamos sabido nombrarlo.

Es ese momento en que el tiempo desaparece. En que el trabajo deja de sentirse como trabajo y nos ponemos a bailar nuestro baile sin importar quién mira, sin importar el lugar ni el momento. En que habitamos nuestra capacidad creativa y se refleja con nitidez el fuego que llevamos en el corazón. La distancia entre lo que eres y lo que haces se colapsa hasta volverse indistinguible, porque ya no importa tanto lo que hagas sino que en ello se refleje la paz que ha madurado en tu interior, esas comprensiones que solo pueden llegar con la propia ampliación de consciencia. Desde ese lugar, lo que hagas será una expresión inequívoca de tu interioridad creativa y generadora de valor. No estás mirando el reloj esperando que sean las cinco de la tarde para empezar a vivir. No estás contando los días para el fin de semana ni los meses para las vacaciones. Estás completamente presente, completamente vivo, completamente dentro de lo que estás haciendo.

Esta experiencia no es un descubrimiento moderno. Las tradiciones transpersonales la han conocido y habitado desde siempre. La psicología académica llegó después, con sus instrumentos y su rigor, a confirmar con datos lo que la experiencia directa ya sabía. Y esa confirmación es bienvenida, porque a veces necesitamos el lenguaje de la ciencia para atrevernos a confiar en lo que el alma ya conoce.

El psicólogo húngaro Mihaly Csikszentmihalyi dedicó décadas a estudiar ese estado y le dio un nombre: Flow. Y lo que descubrió es que no ocurre por azar ni por suerte ni por temperamento especial. Ocurre bajo condiciones muy precisas. Aparece en el punto exacto donde el nivel del desafío que enfrentas y el nivel de las habilidades que posees se encuentran en equilibrio perfecto. Si el desafío es demasiado grande para tus capacidades actuales, aparece la ansiedad. Si es demasiado pequeño, aparece el tedio. Pero en ese punto de encuentro donde el reto te exige sin aplastarte, donde tus habilidades responden sin aburrirse, algo se abre. El ego se silencia. La autocrítica desaparece. Y la acción fluye con una facilidad que desde afuera parece talento pero desde adentro se siente simplemente como estar en el lugar correcto haciendo lo correcto.

El Flow es la antítesis del burnout corporativo. Es lo opuesto al trabajo que se hace por miedo, por obligación, por necesidad de pagar las cuentas del mes. Y no es casualidad que sea casi imposible alcanzarlo cuando se trabaja desde la urgencia financiera: la presión de necesitar el dinero para sobrevivir instala exactamente el tipo de ansiedad que bloquea la entrada al estado de Flow. Es muy difícil fluir cuando tienes miedo. Es muy difícil crear desde la excelencia cuando tu primer pensamiento al levantarte es cómo vas a cubrir el arriendo.

Aquí aparece una conexión que no es menor: el Índice de Cobertura de Baja Gestión que construimos en el Diseño no es solo una métrica financiera. Es también una métrica de libertad creativa. Cada punto porcentual que ese índice sube hacia el cien por ciento es un punto menos de presión sobre la Primera Fuente, un gramo menos de urgencia sobre el trabajo activo, un centímetro más de espacio interior para que el Flow pueda instalarse. La independencia financiera no libera solo el tiempo. Libera la mente. Y una mente liberada de la urgencia es una mente capaz de crear desde su mejor versión.

En el Desarrollo, el Flow no es un destino. Es una señal. Cuando aparece de manera sostenida en tu Actividad Económica Ideal, es la confirmación de que estás en el camino correcto. De que la brecha entre decir y hacer se ha cerrado. De que las promesas que te hiciste se están cumpliendo una a una. De que el Alquimista ya no es una aspiración sino una práctica encarnada en el cuerpo, en la agenda y en la cuenta bancaria.

Y cuando el Flow se instala como estado habitual del trabajo, algo más profundo ocurre: las promesas dejan de costar. No porque el trabajo sea más fácil, sino porque ya no se vive como sacrificio. La disciplina que en el primer desnivel se sentía como una imposición externa se convierte en una expresión natural de lo que uno es. El ahorro mensual deja de ser una renuncia y se convierte en un gesto de coherencia. La inversión deja de ser una obligación y se convierte en un acto de confianza en el futuro que se está construyendo. El verbo se hace carne no con esfuerzo sino con flujo.

Ese es el momento en que el Desarrollo deja de ser el movimiento más difícil del Método 3D y se convierte en el más gozoso. No porque la vida haya dejado de presentar obstáculos, sino porque la relación con esos obstáculos ha cambiado de manera fundamental. Ya no son amenazas. Son el nivel exacto de desafío que mantiene el Flow vivo.

Misión, Vocación y Función: la alineación que lo sostiene todo

Cuando logras cerrar la brecha entre decir y hacer, cuando el Desarrollo se vuelve una práctica cotidiana y no una aspiración que se renueva cada domingo por la noche, cuando el Flow aparece con regularidad en tu trabajo y las promesas que te haces empiezan a cumplirse con la naturalidad de quien ya no lucha contra sí mismo, algo más profundo comienza a revelarse. El dinero deja de ser una fuente de neurosis y se convierte en el combustible de algo mayor: la intención de evolucionar tu consciencia y dejar el mundo mejor de lo que lo encontraste.

Pero para que eso sea tangible en el día a día, para que no se quede en una declaración hermosa que flota sin encarnarse, es necesario alinear tres fuerzas que en la mayoría de las personas operan en silos separados, sin hablarse, sin reconocerse, produciendo esa sensación difusa de que algo importante falta aunque todo lo demás funcione.

Tu Vocación es ese regalo que traes al mundo con una facilidad que a ti te parece obvia pero que para otros es extraordinaria. Es lo que harías aunque no te pagaran, la actividad donde el tiempo vuela y el esfuerzo se siente como juego. Es el territorio natural del Flow: no es casualidad que el estado de máxima creatividad y presencia aparezca precisamente cuando uno está ejerciendo su vocación profunda. La Vocación no se elige. Se descubre. Generalmente después de mucho ruido, mucho camino equivocado y mucha honestidad con uno mismo. Es la señal más clara de para qué estás aquí.

Tu Misión hace referencia al deber que se te presenta de compartir las grandes lecciones que has integrado tras tus cicatrices. Son las sabidurías que solo se adquieren viviendo, cayendo y levantando. La Misión no nace de los libros ni de los cursos, nace de las batallas. Y llega un momento, generalmente alrededor de la segunda mitad de la vida, en que sientes el deber irrenunciable de compartir esas lecciones con quienes vienen detrás. No como obligación sino como una deuda de gratitud con la vida que te enseñó tan caro lo que hoy sabes. La Misión es el puente entre tu historia y el servicio al mundo.

Tu Función es la actividad específica a través de la cual te ganas el sustento. Es la forma concreta en que tu Capital Humano se convierte en valor para otros y ese valor se convierte en dinero. Es tu Primera Fuente de ingresos encarnada en una práctica cotidiana. En el viejo paradigma, la Función lo era todo: eras lo que hacías, eras tu cargo, eras tu empresa. En las Finanzas Transpersonales, la Función es solo el vehículo. Un vehículo que puede ser extraordinario o mediocre dependiendo de lo que transporte.

El milagro ocurre cuando logras que tu Función sea el vehículo que transporta simultáneamente tu Vocación y tu Misión. Cuando lo que haces para ganarte la vida es también lo que harías gratis y lo que sientes el deber de compartir con el mundo. Cuando esto sucede, el trabajo ya no drena, recarga. El lunes por la mañana ya no asusta, inspira. Las promesas que te haces sobre tu actividad económica dejan de romperse porque ya no hay tensión entre lo que quieres hacer y lo que tienes que hacer: son la misma cosa.

Y aquí ocurre algo que transforma completamente la relación con el dinero. Cuando la Función está alineada con la Vocación y la Misión, la Primera Fuente deja de ser una obligación de alta gestión que uno quisiera reducir cuanto antes. Se convierte en una expresión tan genuina de lo que uno es que la pregunta ya no es cuándo dejar de hacerla, sino cómo hacerla cada vez mejor, con más profundidad, con más impacto. El cazador ya no sale al bosque por obligación ni por miedo. Sale porque el bosque es su lugar natural. Y el arco en sus manos ya no es un instrumento de supervivencia. Es la extensión de lo que es.

Cuando Misión, Vocación y Función se alinean, el dinero deja de ser la razón del trabajo y se convierte en su consecuencia natural. No se busca: llega. Como llega siempre cuando hay coherencia profunda entre lo que se piensa, lo que se siente y lo que se hace. Y a diferencia de la riqueza construida desde el miedo, que es frágil, ansiosa y nunca suficiente, la prosperidad que nace de esa alineación puede atravesar ciclos de expansión y contracción sin perder su centro. Porque no está anclada en un número. Está anclada en una manera de ser.

Y el dinero, finalmente, se rinde a tus pies como el sirviente leal que siempre debió ser.

Existe una industria entera construida sobre una idea que parece razonable pero que, examinada con honestidad, revela sus límites con rapidez. Es la industria de los hábitos. Los libros que prometen transformar tu vida en veintiún días. Los sistemas de recompensas que te felicitan por cada pequeño logro. Las aplicaciones que te mandan notificaciones para recordarte que debes hacer lo que supuestamente ya decidiste hacer. La idea central, tomada de la psicología conductista, es simple: identifica el disparador, ejecuta la conducta, recibe la recompensa, repite hasta que el comportamiento se automatice.

Es, en esencia, la misma lógica con que se entrena a un animal.

Estímulo. Respuesta. Recompensa. Repetición.

Y funciona, hasta cierto punto. Puede instalar conductas superficiales, puede crear rutinas de baja complejidad, puede ayudar a recordar tomar agua o hacer ejercicio tres veces por semana. Pero tiene un techo bajo y muy claro: no puede producir transformación real. Porque la transformación real no ocurre en el nivel de la conducta. Ocurre en el nivel de la comprensión.

Piensa en el alcohólico que ha pasado por diez programas de rehabilitación. Que conoce de memoria las etapas del proceso. Que ha firmado compromisos, que ha tenido sponsors, que ha acumulado fichas de noventa días. Que sabe, intelectualmente, todo lo que hay que saber sobre su adicción y sus consecuencias. Y sin embargo vuelve. Siempre vuelve. Porque ningún programa, ningún sistema de hábitos, ninguna estructura de recompensas externas ha tocado el lugar real donde vive el problema.

Y entonces ocurre algo que los manuales de psicología conductista no saben bien cómo clasificar. En un momento que nadie programó, que ningún sistema predijo, que no siguió ningún protocolo establecido, algo se ilumina en el interior de esa persona. Una comprensión que no es intelectual sino total, que no pasa por el análisis sino por una especie de reconocimiento directo y profundo de la realidad de lo que está haciendo y de por qué no tiene sentido seguir haciéndolo. No una conclusión. Una revelación.

Y en ese momento, casi como un milagro, la conducta cambia. No con esfuerzo. No con lucha. No con un sistema de recompensas que la sostenga artificialmente. La adicción simplemente pierde su poder. La conducta correcta se instala con una naturalidad que desde afuera parece inexplicable y desde adentro se siente como la cosa más obvia del mundo. Como si siempre hubiera sido así y el problema fuera que tardó tanto en verse con claridad.

Eso es lo que las tradiciones contemplativas de oriente y occidente han sabido siempre y que la psicología moderna apenas empieza a rozar: la consciencia es el único agente de cambio real. No la repetición. No la disciplina impuesta desde afuera. No es el sistema de hábitos más sofisticado del mercado. La comprensión total, clara y amorosa de qué acciones están en línea con lo que soy y hacia dónde voy, y cuáles no.

Cuando esa comprensión ocurre, el cambio no requiere esfuerzo porque no hay resistencia que vencer. La resistencia vive en la oscuridad, en la inconsciencia, en el espacio donde la conducta opera sin que la luz de la comprensión la haya tocado todavía. Pero cuando la luz llega, la resistencia se disuelve. No se vence. Se disuelve. Porque ya no tiene dónde sostenerse.

Esto transforma radicalmente la manera de entender el Desarrollo.

El Desarrollo no es un programa de entrenamiento financiero. No es un sistema de hábitos de ahorro e inversión que se instala mediante repetición hasta que el cerebro los automatiza. No es domesticación. No es la aplicación de la lógica del estímulo y la recompensa a las decisiones económicas. Ese camino puede producir conductas financieras correctas en la superficie, pero deja intacto el suelo desde el cual emergen: el miedo, la creencia de escasez, la relación inconsciente con el dinero que heredamos sin elegir.

El Desarrollo, en las Finanzas Transpersonales, apunta a algo completamente distinto: a la comprensión. A iluminar con plena consciencia la relación que tienes con el dinero, las creencias que gobiernan tus decisiones económicas, los patrones que se repiten sin que nadie los haya elegido conscientemente. A ver con total claridad qué conductas te benefician y cuáles no. No porque alguien te lo diga. No porque un libro te lo explique. Sino porque tú mismo lo ves, lo entiendes y lo reconoces en tu propia experiencia con una claridad que no deja espacio para la duda.

Cuando esa comprensión ocurre, la conducta correcta no se instala con esfuerzo. Se instala con amor. Con la naturalidad de quien finalmente está actuando en coherencia con lo que realmente es y con el sentido que realmente ha elegido. El ahorro no es un sacrificio que se sostiene con disciplina. Es una expresión obvia de quien comprende que está construyendo su libertad. La inversión no es una obligación que requiere recordatorios y sistemas de recompensa. Es un acto coherente con una comprensión clara de cómo funciona el tiempo y el capital. El no al gasto innecesario no es una restricción impuesta desde afuera. Es la respuesta natural de alguien que ya no necesita ese gasto para sentirse completo.

No se trata de crear hábitos. Se trata de despertar consciencia.

Y la consciencia, una vez despertada, hace su trabajo sola. Sin aplicaciones. Sin sistemas. Sin los veintiún días que ningún libro ha podido garantizar realmente. Con la misma inevitabilidad silenciosa con que la semilla germina cuando encuentra tierra fértil, agua y luz. No porque alguien la obligue. Sino porque es su naturaleza.

Esa es la promesa más profunda del Desarrollo en el Método 3D. No que te convertirás en una persona más disciplinada. Sino que llegarás a comprender con tanta claridad el sentido de tus decisiones financieras que la disciplina dejará de ser necesaria como concepto separado. Porque cuando la comprensión es total, la acción correcta no se elige sobre la acción incorrecta. Simplemente emerge. Como emerge el agua de un manantial: no porque alguien la empuje, sino porque esa es su dirección natural.

La disciplina silenciosa: la repetición coherente

El Desarrollo no se sostiene con actos heroicos aislados. No se construye en los días de inspiración desbordante, en las mañanas en que todo parece posible y la energía alcanza para todo. Esos días son un regalo, pero son escasos y no son confiables. Si la arquitectura de tu libertad financiera depende de ellos, es una arquitectura frágil.

El Desarrollo se sostiene con algo mucho más humilde y mucho más poderoso: la repetición coherente que nace de la comprensión. No la repetición mecánica del que sigue un protocolo sin entender para qué, sino la repetición natural del que actúa desde la claridad. La promesa pequeña que se cumple sin testigos no porque haya un sistema que la monitoree, sino porque hay una comprensión que la sostiene. El ahorro del mes, que se hace aunque el mes haya sido difícil, no por disciplina impuesta sino porque se entiende profundamente que ese acto es coherente con la libertad que se está construyendo. La inversión que se mantiene aunque el mercado asuste, no porque una aplicación mande una notificación, sino porque se comprende que el miedo es un pésimo consejero financiero y que el largo plazo siempre ha recompensado la paciencia.

Estas acciones pueden parecer ordinarias. Y lo son. No tienen la épica del gran gesto ni la visibilidad del logro espectacular. Nadie las celebra en una reunión. Nadie las publica en sus redes. Ocurren en silencio, en la intimidad del presupuesto mensual, en la transferencia automática que sale de la cuenta antes de que el gasto pueda interceptarla, en la decisión de no tocar el portafolio cuando el miedo pide venderlo todo.

Pero cuando esas acciones silenciosas emergen de una comprensión real y no de una obligación impuesta, cuando cada una de ellas es el cumplimiento natural de quien ya vio con claridad hacia dónde va y por qué vale la pena ir hacia allá, ocurre algo que ningún programa de hábitos puede producir: la confianza en uno mismo se reconstruye desde adentro. El diálogo interior nocivo que alimentaron años de promesas rotas comienza a ceder. Y en su lugar crece algo más sólido, más silencioso y más duradero: la certeza íntima de que eres alguien que actúa en coherencia con lo que comprende. Que cuando ves con claridad, te mueves. Que la distancia entre tu comprensión y tu acción se ha vuelto tan pequeña que ya casi no existe.

Esa certeza no se programa. No se instala con un sistema. Se construye exactamente como se construye el patrimonio: un mes a la vez, una decisión a la vez, una comprensión que se encarna una vez más.

La riqueza consciente no se construye en los grandes momentos de inspiración. Se construye en los martes grises, cuando nadie mira, cuando el entusiasmo se ha ido a dormir y solo queda la comprensión silenciosa de que esto vale la pena. En esos martes grises es donde se decide realmente quién eres. No en las declaraciones del domingo por la noche. No en los planes trazados con entusiasmo en enero. En los martes grises de marzo, de julio, de noviembre, cuando actuar correctamente no tiene ningún glamour pero tiene todo el sentido del mundo.

El Ikigai y la acción contemplativa: cuando el Desarrollo se vuelve práctica espiritual

Existe una palabra japonesa que occidente tomó prestada, simplificó en un diagrama de cuatro círculos y convirtió en poster motivacional de oficina. Esa versión domesticada dice que el Ikigai es la intersección entre lo que amas, lo que el mundo necesita, en lo que eres bueno y por lo que te pueden pagar. Un mapa para encontrar tu propósito de vida. Una fórmula. Una respuesta.

Pero el Ikigai original no es nada de eso.

En su sentido más auténtico, el Ikigai no es un destino que se encuentra. Es una experiencia que se vive. Es la razón por la que uno se levanta esta mañana, no en abstracto sino en concreto, no en el futuro sino ahora. Es la satisfacción quieta y profunda de hacer, hoy, algo que vale la pena. No porque conduzca a algún lugar grande. No porque alguien lo esté mirando. No porque produzca una recompensa visible. Sino porque en sí mismo, en su realización presente, es una expresión fiel del sentido que has elegido darle a tu existencia.

El Ikigai no vive en el plan. Vive en el acto.

Y aquí es donde el Desarrollo del Método 3D revela su dimensión más profunda, la que va más allá de la estrategia financiera y toca algo que los textos de economía nunca se atrevieron a nombrar. Porque el Desarrollo, en su expresión más plena, no es la ejecución disciplinada de un plan patrimonial. Es una práctica. Una práctica cotidiana, presente, consciente y responsable de encarnar el sentido que has elegido para tu vida, decisión a decisión, comprensión a comprensión, martes gris a martes gris.

Ignacio de Loyola, el místico y soldado español del siglo XVI que fundó la Compañía de Jesús, entendió algo que la espiritualidad contemplativa de su época tendía a olvidar: que la unión con lo sagrado no ocurre únicamente en el silencio del monasterio ni en la quietud de la meditación. Ocurre también, y quizás sobre todo, en la acción. En el acto bien hecho, realizado con plena presencia y plena intención, orientado hacia un fin que trasciende al yo. A eso lo llamó la acción contemplativa: no la contemplación que se retira del mundo sino la que se encarna en él. La que encuentra lo sagrado precisamente en el gesto ordinario ejecutado con consciencia extraordinaria.

Eso es el Desarrollo.

Cada transferencia de ahorro hecha con consciencia de su propósito es una acción contemplativa. Cada decisión de inversión tomada desde la claridad y no desde el miedo es una acción contemplativa. Cada vez que dices no a un gasto que no está alineado con el sentido que has elegido, cada vez que revisas tu estrategia patrimonial con la misma seriedad y la misma presencia con que revisarías las decisiones más importantes de tu vida, estás practicando la acción contemplativa. Estás haciendo finanzas transpersonales. Estás convirtiendo el acto económico más ordinario en una expresión de lo que eres y de hacia dónde has decidido ir.

La diferencia entre una persona que ahorra por miedo y una que ahorra desde la comprensión no está en el número que depositan cada mes. Está en la cualidad de consciencia con que realizan ese acto. Uno lo hace desde la contracción, desde la escasez, desde el miedo a que el futuro sea peor que el presente. El otro lo hace desde la expansión, desde la certeza luminosa de que ese acto pequeño y silencioso es coherente con el sentido que ha decidido darle a su existencia. Uno ejecuta. El otro comprende y actúa. Y esa diferencia, invisible para quien lo observa desde afuera, lo cambia todo por dentro.

Y aquí está la conexión que lo une todo: el Ikigai auténtico no es la gran revelación de tu propósito de vida. Es la confirmación, renovada cada mañana, de que lo que haces hoy está alineado con el sentido que elegiste. Es la respuesta presente a la pregunta presente: ¿vale la pena lo que estoy haciendo ahora? No en abstracto. No en el horizonte de los cincuenta años. Ahora. Esta transferencia, esta decisión, esta conversación, esta hora de trabajo. ¿Está orientada hacia el sentido que elegí? ¿Es coherente con la comprensión que ya tengo?

Cuando la respuesta es sí, el trabajo deja de costar. No porque sea más fácil, sino porque ya no hay fricción entre quien eres y lo que haces. La consciencia que despertó en algún momento de claridad, ese instante casi místico en que viste con nitidez por qué vale la pena construir tu libertad financiera, se encarna ahora en cada acto cotidiano. La práctica ya no requiere esfuerzo porque emerge de la comprensión. Como el agua que fluye hacia el mar no porque alguien la empuje sino porque esa es su naturaleza.

El Desarrollo deja de ser el movimiento más difícil del Método 3D y se convierte en el más natural, el más gozoso, el más parecido a lo que los japoneses llaman Ikigai y lo que Ignacio llamaba encontrar a Dios en todas las cosas.

Incluidas las finanzas.

Especialmente las finanzas.

Porque el dinero, bien entendido, no es un obstáculo en el camino espiritual. Es el territorio donde ese camino se pone a prueba todos los días. Es donde el miedo y el amor se disputan la dirección de cada decisión. Es donde la consciencia que proclamamos en la meditación del domingo tiene que demostrar que es real el lunes por la mañana. Las Finanzas Transpersonales no son finanzas con espiritualidad añadida como condimento. Son el reconocimiento profundo de que no hay separación entre lo que haces con tu dinero y lo que eres como ser humano. Que cada acto económico es, en última instancia, un acto espiritual. Que la manera en que administras tus recursos es la manera en que administras tu vida.

Y cuando eso se comprende de verdad, no como concepto sino como experiencia vivida, el Desarrollo deja de ser el tercer paso de un método y se convierte en lo que siempre fue en su esencia más profunda: una meditación en movimiento. Una práctica de presencia consciente aplicada al territorio más concreto y más cotidiano que existe. Una forma de habitar la vida con la misma profundidad y la misma atención con que el contemplativo habita su oración.

Somos las promesas que cumplimos. Y cumplirlas, una a una, día a día, desde la comprensión y no desde la obligación, desde el amor y no desde el miedo, es quizás la forma más honesta y más completa de vivir.

Dimensionamiento, Diseño, Desarrollo. Tres movimientos, un solo proceso. No es lineal ni es perfecto. Se recorre, se revisa, se ajusta. La vida cambia, los mercados cambian, tú cambias. Pero cuando los tres movimientos están alineados, cuando sabes dónde estás, tienes claro hacia dónde vas y actúas en coherencia con esa dirección día tras día, algo fundamental se transforma en tu relación con el dinero y con la vida.

Dejas de reaccionar. Empiezas a crear.

Y esa diferencia, en una vida de cien años, lo cambia absolutamente todo.

LAS TRES MANIFESTACIONES

Después de recorrer el Dimensionamiento con honestidad, de diseñar la arquitectura de un ecosistema de ingresos que te sostenga siempre, de despertar la consciencia que hace emerger la acción correcta sin esfuerzo y sin lucha, el resultado inevitable no es simplemente una cuenta bancaria con más ceros. No es un índice de cobertura que llegó al cien por ciento. No es un portafolio bien diversificado ni una tasa de retiro calculada con precisión.

El resultado es una transformación radical en la manera de experimentar la vida.

Cuando el dinero deja de ser un tirano y se convierte en el sirviente leal de tu propósito, cuando las promesas que te haces empiezan a cumplirse una a una y la distancia entre lo que dices y lo que haces se vuelve casi imperceptible, la vida plena deja de ser una utopía reservada para la jubilación y comienza a manifestarse en el presente. No como un destino lejano que se alcanza algún día. Como una experiencia cotidiana que se construye decisión a decisión, comprensión a comprensión, martes gris a martes gris.

Esa experiencia se expresa a través de tres estados inconfundibles que se revelan uno al otro en un orden que no es arbitrario. No son metas que se persiguen. No son logros que se exhiben. Son formas de habitar la vida.

A los veinte años queríamos fama. A los treinta, éxito corporativo. A los cuarenta, poder. Pero al entrar en la segunda mitad de la vida, algo se acomoda en el interior y la jerarquía de los deseos cambia de manera irreversible. Descubrimos que el lujo definitivo, el activo más costoso e invaluable de todos, no tiene precio de catálogo ni se consigue en ninguna tienda. Se llama tranquilidad.

La tranquilidad no es la ausencia de problemas. No es vivir en una burbuja de comodidad donde nada malo pueda ocurrir. Es algo mucho más poderoso y mucho más difícil de construir: es la imperturbabilidad. La capacidad de permanecer en calma y en claridad independientemente de lo que ocurra afuera.

Tiene dos raíces que se alimentan mutuamente. Una raíz interior y una raíz exterior. Y las dos son necesarias. La una sin la otra produce una tranquilidad incompleta, frágil, que se sostiene mientras las circunstancias cooperan pero se derrumba en cuanto el mundo presenta sus inevitables tormentas.

La raíz exterior es la arquitectura financiera que construiste en el Diseño. Cuando el Índice de Cobertura de Baja Gestión ha cruzado el umbral del cien por ciento, cuando tus fuentes de baja gestión cubren el costo completo de tu vida sin que tengas que depender exclusivamente de tu esfuerzo diario, algo concreto y medible cambia en tu relación con el futuro. Ya no hay urgencia. Ya no hay la presión sorda de necesitar que el próximo mes funcione para que la vida pueda continuar. El ecosistema trabaja. Los activos generan rendimientos. El flujo planeado de capital cumple su función. La previsión social aporta su cimiento. Los tres dragones están blindados. La arquitectura aguanta.

Esa certeza material no es menor. Es el suelo firme sobre el cual puede edificarse todo lo demás. Sin ella, la tranquilidad interior es una aspiración noble pero inestable, una práctica espiritual que se deshace en cuanto llega la primera factura inesperada o la primera crisis de mercado. Con ella, la tranquilidad tiene fundamento real. Tiene tierra bajo los pies.

Pero la raíz exterior sola no basta. Conocemos a personas con patrimonios enormes que viven en la ansiedad permanente, que revisan sus portafolios a medianoche con el corazón acelerado, que nunca tienen suficiente porque el suficiente que buscan no existe en ningún número. Esas personas tienen la arquitectura pero no tienen la raíz interior. Y sin raíz interior, el dinero no produce tranquilidad. Produce una versión más sofisticada del mismo miedo de siempre.

La raíz interior es la consciencia despertada. Es haber comprendido, en ese momento casi místico que no se puede programar pero sí propiciar, que el dinero es un instrumento y no un fin. Que la escasez, en la mayoría de los casos, es una narrativa aprendida y no una realidad inevitable. Que tienes la capacidad inagotable de generar valor siempre que lo requieras. Que pase lo que pase afuera, tienes el poder de navegarlo sin sufrimiento innecesario. No porque tengas el control de todo, sino porque confías en tu capacidad de crear.

Cuando las dos raíces están presentes, la arquitectura exterior y la consciencia interior, la tranquilidad se instala no como un estado que se conquista sino como uno que simplemente emerge. Como el agua que deja de agitarse cuando ya no hay viento. La persona que ha alcanzado la tranquilidad financiera no reacciona con pánico cuando el mercado cae ni con euforia desbordada cuando sube. Toma decisiones desde la calma y no desde el miedo. Sus promesas financieras se cumplen no porque haya un sistema que las monitoree sino porque hay una comprensión que las sostiene.

Y cuando la tranquilidad se instala como estado de base, algo ocurre de manera natural. El espacio interior que antes ocupaba el miedo comienza a llenarse de otra cosa. De movimiento. De creación. De flujo hacia el mundo.

Aparece la prosperidad.

Segunda manifestación: Prosperidad, El flujo constante del valor

Si la tranquilidad es el suelo firme desde el cual se actúa, la prosperidad es su expresión en movimiento. La prosperidad no se declara. Se demuestra. Y se demuestra en el flujo: en la capacidad sostenida de crear valor para otros y de construir un legado a través de una actividad que ya no se hace por miedo sino por vocación.

No se trata de un golpe de suerte estático ni de un momento puntual de éxito financiero. La prosperidad del Alquimista es dinámica. Se refleja en esa estabilidad financiera viva que permite el crecimiento continuo del patrimonio, las rentas trabajando, los activos apreciándose, la marca personal fortaleciéndose, pero va mucho más allá de lo que puede capturar una hoja de cálculo.

La prosperidad verdadera es la consecuencia natural de la alineación que construimos en el Desarrollo: Misión, Vocación y Función moviéndose en la misma dirección. Cuando lo que haces para ganarte la vida es también lo que harías gratis y lo que sientes el deber irrenunciable de compartir con el mundo, el dinero deja de ser la razón del trabajo y se convierte en su efecto inevitable. No se persigue. Llega. Con la misma naturalidad con que el agua fluye hacia el mar: no porque alguien la empuje, sino porque esa es su dirección.

En el nivel transpersonal, la prosperidad implica que cada peso que entra a la cuenta tiene un sentido de propósito. No es dinero acumulado desde el miedo. Es el reconocimiento material de un impacto positivo en la vida de otros. Es la confirmación de que el mundo valora tu presencia, tu servicio y la autenticidad con que lo entregas. Es la Primera Fuente en su expresión más elevada: no la alta gestión del que trabaja por necesidad sino la alta gestión del que crea porque es su naturaleza.

Ser próspero es el premio a la coherencia absoluta entre lo que piensas, lo que sientes y lo que haces. Es vivir la ecuación del Alquimista en su expresión más completa: el dinero no como objetivo sino como efecto inevitable de una vida orientada a crear valor real. Cuando esa coherencia es profunda y sostenida, cuando las promesas que te haces se cumplen, cuando el verbo se hace carne día tras día, cuando la consciencia despertada guía la acción sin fricción ni resistencia, la prosperidad no se busca. Simplemente ocurre.

Y a diferencia de la riqueza construida desde el miedo, que es frágil, ansiosa y nunca suficiente, la prosperidad que nace del amor y del propósito puede atravesar ciclos de expansión y contracción sin perder su centro. Porque no está anclada en un número. Está anclada en una manera de ser.

Cuando la prosperidad fluye con naturalidad, cuando el valor que creas regresa a ti de manera sostenida y sin urgencia, algo más profundo comienza a revelarse. Ya no se trata solo de lo que produces ni de lo que recibes. Se trata de lo que eres. De la certeza íntima de que lo que tienes es suficiente. De que lo que eres es suficiente. De que la vida, tal como es, aquí y ahora, es suficiente.

Aparece la abundancia.

Tercera manifestación: Abundancia, La consciencia de la suficiencia

Durante años, el sistema nos hizo creer que la abundancia era sinónimo de acumulación compulsiva. Nos enseñó a medirla por la cantidad de objetos que podíamos retener en nuestros garajes, por el tamaño de la casa, por el modelo del carro, por el estatus que podíamos exhibir en una reunión de exalumnos. Más era siempre mejor. Y quien tenía más era, por definición, más abundante.

Sin embargo, en el nivel transpersonal, la abundancia no es un inventario físico. No es una cifra en una cuenta. No es el resultado de ningún cálculo patrimonial, por preciso que sea. Es un estado interior de plenitud y gratitud que no depende de lo que tienes sino de cómo te relacionas con lo que tienes. Y más profundamente aún: de cómo te relacionas con lo que eres.

La verdadera abundancia nace de la consciencia despertada. De ese momento de comprensión total, que no es intelectual sino vivencial, que no pasa por el análisis sino por el reconocimiento directo, en que se ve con claridad que la escasez que tanto nos atormentó no era una realidad objetiva sino una narrativa heredada. Un guion que alguien más escribió y que representamos sin cuestionarlo durante décadas. Cuando esa narrativa se ilumina con la luz de la consciencia, pierde su poder. No se vence. Se disuelve. Y en el espacio que deja aparece algo que siempre estuvo ahí pero que el miedo no dejaba ver: la certeza de que somos suficientes. De que tenemos suficiente. De que la capacidad de crear valor que habita en nosotros es una fuente que no se agota.

La verdadera abundancia se caracteriza por esa consciencia de suficiencia: esa certeza íntima de que ya tienes lo necesario y, más importante aún, de que tienes la capacidad inagotable de generar ingresos siempre y bajo cualquier circunstancia. No porque el dinero trabaje solo, ya sabemos que esa ciudad de "El Dorado" no existe, sino porque has construido un ecosistema tan diverso, tan robusto y tan alineado con tu propósito que ningún evento aislado puede apagarlo completamente. Esa certeza no depende del saldo de ninguna cuenta. Depende de la comprensión de lo que eres y de lo que puedes hacer.

Quien es verdaderamente abundante no acumula desde el miedo a quedarse sin nada. Practica el desapego y permite que el dinero fluya. Entiende que la riqueza, como la respiración, requiere tanto de la inhalación, recibir, como de la exhalación, compartir. Quien solo inhala, se asfixia. El Zombie busca abundancia en los objetos. El Estratega la busca en los números. El Alquimista la encuentra en la certeza de que puede crear. Siempre. En cualquier circunstancia. Con o sin el viento a favor.

Ser abundante es también saber que está bien consumir lo

que construiste. Que diseñar un Flujo Planeado de Capital no es irresponsabilidad sino sabiduría. Que morir habiendo disfrutado plenamente el fruto de tu trabajo es exactamente el propósito de haberlo construido. La abundancia no se atesora con miedo. Se disfruta con gratitud y se comparte con generosidad.

La abundancia, bien comprendida, es el antídoto definitivo contra la neurosis del dinero. Porque la neurosis nace del miedo a la escasez, y la abundancia es la comprensión profunda de que la escasez era, en la mayoría de los casos, una historia que te contaron y que tú decidiste dejar de creer.

La abundancia no es el punto de llegada. Es el punto de partida de una nueva forma de vivir. Quien la habita de verdad ya no persigue el dinero, ya no teme perderlo, ya no necesita demostrarlo. Simplemente crea, comparte y confía. Y en ese movimiento continuo y liviano, descubre que siempre tuvo suficiente. Que el Dorado que buscó durante años no estaba en ningún lugar del mapa. Estaba adentro. Siempre estuvo adentro.

EL FIN DEL MODO SUPERVIVENCIA

Cuando tu vida exhibe estas tres manifestaciones, cuando la tranquilidad es tu hogar interior, la prosperidad es tu expresión en el mundo y la abundancia es tu estado de base, el viaje heroico ha rendido sus frutos.

Has dejado atrás la neurosis del dinero, el miedo a la obsolescencia laboral y la trampa del ego. Ya no eres el Zombie que ejecuta sin cuestionarse, ni el Estratega que controla sin propósito. Te has convertido en el Alquimista: el arquitecto soberano de tus próximos cincuenta años de vida. El que comprende en lugar de obedecer. El que actúa desde el amor en lugar de reaccionar desde el miedo. El que cumple las promesas que se hace, una a una, en silencio, sin necesitar que nadie lo aplauda.

El cazador que durante décadas salió al bosque por miedo a no tener qué comer, ahora sale porque el bosque lo llama. No por necesidad sino por vocación. No por urgencia sino por amor. Su Ikigai no es una fórmula en un diagrama. Es la confirmación, renovada cada mañana, de que lo que hace hoy vale la pena. De que está alineado con el sentido que eligió. De que el verbo, esta vez, sí se hizo carne.

Y esa diferencia, invisible para quien lo observa desde afuera, lo cambia todo por dentro.

El modo supervivencia ha terminado. Ahora empieza otra cosa. Algo que no tiene nombre en el vocabulario del viejo paradigma, porque el viejo paradigma nunca lo contempló como posibilidad real.

Es simplemente esto: una vida larga, plena, consciente y libre. Una vida de cien años que vale la pena vivir.

EPÍLOGO

EL LIENZO DE LOS PRÓXIMOS CINCUENTA AÑOS

Llegamos al final de este recorrido y, al mismo tiempo, al kilómetro cero de tu nueva vida.

Al principio de este libro te hice dos preguntas. La primera: cómo vas a financiar una vida de cien años sin esperar que el Estado, los hijos, una empresa o la suerte lo hagan por ti. La segunda, y la más importante: si vas a vivir cerca de cien años, qué sentido le vas a dar a esa existencia.

No me interesa saber si las respondiste correctamente, no hay respuestas correctas. Me interesa saber si las sentiste. Si te removieron algo. Si hubo un momento, en alguna página de este libro, en que dejaste de leer y te quedaste mirando al vacío, no porque estuvieras perdido, sino porque algo adentro se estaba acomodando.

Ese momento es el libro. Todo lo demás son instrumentos.

Nuestra generación tiene un llamado histórico que ninguna otra ha tenido antes. Somos la generación bisagra: conocimos el mundo analógico de los teléfonos de rosca y las máquinas Olivetti, y hoy navegamos por algoritmos y redes globales. Tenemos la resiliencia forjada en la escasez del pasado y las herramientas extraordinarias del futuro. Esa combinación es única. Es irrepetible. Y es nuestra responsabilidad no desperdiciarla persiguiendo El Dorado que otros prometieron y que nunca existió, sino construyendo, con paciencia y con propósito, la ciudad real que siempre estuvo al alcance de quien tuvo la claridad para verla.

Esa claridad es lo que este libro vino a propiciar. No a darte respuestas hechas. No a entregarte un sistema de hábitos que te transforme en veintiún días. No a venderte la ilusión de ingresos que trabajan solos mientras tú duermes. Sino a encender en ti la comprensión profunda de que el cambio real no se instala desde afuera. Emerge desde adentro. Con la misma inevitabilidad silenciosa con que el agua encuentra su camino hacia el mar.

Cuando esa comprensión ocurre, y solo tú sabes si ocurrió, y en qué página, y con qué frase, la conducta correcta no se elige sobre la incorrecta con esfuerzo y disciplina impuesta. Simplemente aparece. Como aparece siempre lo que está alineado con el sentido que has elegido. Como aparece el Ikigai en la mañana del que sabe por qué se levanta. Como aparece la acción contemplativa en quien ha comprendido que no hay separación entre lo que hace con su dinero y lo que es como ser humano.

Somos las promesas que cumplimos. No las que declaramos con entusiasmo el domingo por la noche. No las que sentimos con toda la sinceridad del mundo en el momento de pronunciarlas. Las que cumplimos, en silencio, sin testigos, en los martes grises de marzo y de julio y de noviembre, cuando cumplirlas no tiene glamour pero tiene todo el sentido del mundo.

Ese es el verdadero patrimonio que este libro te invita a construir. No solo el financiero, aunque ese también, con sus cuatro fuentes, sus dos fases, sus tres dragones y su índice de cobertura que sube un punto más cada año, sino el patrimonio interior. El de una persona que se conoce, que ha elegido conscientemente el sentido de su existencia, que actúa en coherencia con ese sentido y que ha aprendido a confiar en su capacidad de generar valor siempre, bajo cualquier circunstancia, en cualquier mercado, a cualquier edad.

No permitas que el miedo te convenza de que es tarde para nuestra generación X. Tenemos la dicha de estar viviendo justo la mitad del camino. Tenemos por delante otros treinta, cuarenta años, quizás más, para diseñar nuestra obra maestra. Para construir el legado que nuestros hijos y los hijos de nuestros hijos recordarán no por lo que acumulamos, sino por la manera en que vivimos. Por la coherencia entre lo que dijimos y lo que hicimos. Por el fuego que mantuvimos encendido cuando todo el mundo dijo que era hora de irlo apagando.

El verdadero premio nunca fue el dinero. El dinero llegó por añadidura, como siempre lo hace cuando hay coherencia y propósito. El verdadero premio es más simple y más profundo que cualquier cifra: es la Tranquilidad de haber construido un suelo firme desde el cual actuar, la Prosperidad que fluye al crear valor real para otros, y la Abundancia que nace de saber que ya lo tienes todo, que eres suficiente, y que te puedes compartir sin reparo. Lo que tienes, lo que eres siempre está disponible y siempre es más que lo necesario. Que El Dorado que buscaste durante años no estaba en ningún lugar del mapa. Estaba adentro. Siempre estuvo adentro.

Esas tres manifestaciones no son el final del camino. Son el comienzo de la mejor parte.

Cierra este libro. Respira profundo. Mira hacia adelante.

El miedo quedó atrás.

Es hora de encender el fuego de tu corazón, tensar el arco y salir a reclamar la vida de cien, o más años, que te pertenece.

Más contenido
www.didio.co

DIDIO ANDRÉS PEÑA INFANTE nació en Bogotá en 1977 y lleva más de 25 años acompañando a personas en su relación con el dinero. Primero como asesor financiero tradicional, luego como algo que el mundo de las finanzas todavía no sabía bien cómo nombrar. A lo largo de una década de camino interior —a través de la terapia Gestalt, la psicología transpersonal, las constelaciones familiares y la experiencia directa de los estados no ordinarios de consciencia— entendió que el dinero no es un problema matemático. Es un problema humano. Y que ninguna estrategia de inversión, por brillante que sea, puede hacer lo que hace la consciencia cuando se despierta de verdad. De esa comprensión nació el concepto de Finanzas Transpersonales: la integración de lo espiritual con lo material, del corazón con el bolsillo, del sentido con la estrategia. Una propuesta que no separa quién eres de cómo administras tus recursos, porque en el fondo son la misma cosa. Hoy vive en Chía, Cundinamarca, donde dirige su práctica de *coaching* financiero transpersonal, forma a otros profesionales y sigue escribiendo con la convicción de que una vida larga, plena y libre no es una utopía. Es una decisión. *Finanzas para 100 años* es su obra más ambiciosa. Y también la más personal.

www.ingramcontent.com/pod-product-compliance
Lightning Source LLC
LaVergne TN
LVHW090353051026
849518LV00006B/2123